MEINHARD SCHRÖDER

Die Neuordnung des französischen Staatsgebietes

Schriften zum Öffentlichen Recht

Band 234

# Die Neuordnung des französischen Staatsgebietes

Ein Beispiel moderner Entwicklungsplanung im Zentralstaat

Von

Dr. jur. Meinhard Schröder

Wissenschaftlicher Assistent
an der Universität Bonn

DUNCKER & HUMBLOT / BERLIN

Alle Rechte vorbehalten
© 1974 Duncker & Humblot, Berlin 41
Gedruckt 1974 bei Buchdruckerei Bruno Luck, Berlin 65
Printed in Germany
ISBN 3 428 03060 5

# Vorwort

Die vorliegende Studie möchte nicht nur als Bericht über französische Zustände verstanden werden, der Frankreichspezialisten angeht. Ihr Anliegen ist es, am Beispiel Frankreichs einige Probleme der Planung im Sozialstaat der Gegenwart zur Diskussion zu stellen. Dazu besteht um so mehr Anlaß als eine zentrale Entwicklungsplanung, wie sie am französischen Beispiel vor Augen tritt, abgesehen von totalitären Planungsformen den bisher wohl umfassendsten Regelungsanspruch in bezug auf gesellschaftliche Probleme enthält. Das klassische Gesetz, das nur „gilt" und deshalb die Verwirklichung von beabsichtigten Veränderungen in der Gesellschaft nur indirekt erreichen kann, ist im Verhältnis zu dieser Planung ein vergleichsweise stumpfes und „harmloses" Werkzeug. Die Bewährung des sozialen und demokratischen Rechtsstaates wird gerade auch davon abhängen, inwieweit es gelingt, die Entwicklungsplanung in das prinzipiell freiheitliche Verfassungsgefüge zu integrieren.

Die Anregung zu dieser Studie ging von Herrn Professor Dr. R. Schnur, Tübingen, aus. Ihm sei an dieser Stelle für vielfältige Hilfe herzlich gedankt. Der Dank des Verfassers gilt ferner der deutsch-französischen Kulturstiftung in Bonn—Bad-Godesberg, die das Erscheinen der Studie durch eine finanzielle Zuwendung ermöglicht hat. Nicht zuletzt hat der Verfasser Herrn Ministerialrat a. D. Dr. J. Broermann zu danken, der sich freundlicherweise zur Veröffentlichung der Studie bereit erklärt hat.

Bonn, im Oktober 1973

*Meinhard Schröder*

## Inhaltsverzeichnis

| | |
|---|---|
| I. Einleitung | 9 |
| II. Der Begriff der Entwicklungsplanung in der Bundesrepublik | 10 |
|     1. Die Entwicklungsplanung als allgemeine Infrastrukturplanung | 10 |
|     2. Die Entwicklungsplanung als Gegensatz zur Anpassungs- und Ordnungsplanung | 10 |
|     3. Die Entwicklungsplanung als integrative Planung | 11 |
|     4. Die Instrumentarien der Entwicklungsplanung | 11 |
|     5. Spezifische Probleme der Entwicklungsplanung | 12 |
|     6. Praktische Ansätze einer Entwicklungsplanung in einzelnen Bundesländern | 13 |
| III. Die französischen Neuordnungsmaßnahmen als Form der Entwicklungsplanung | 14 |
|     1. Das Aménagement du Territoire — Raumplanung oder Entwicklungsplanung? | 14 |
|     2. Die Stellung des Parlamentes in der französischen Entwicklungsplanung | 15 |
|     3. Die Umgestaltung des Budgets durch die Entwicklungsplanung | 16 |
|     4. Verwaltungsreform und Entwicklungsplanung | 16 |
| IV. Die Ursachen der französischen Neuordnungsmaßnahmen | 17 |
|     1. Ursachen in der Verwaltungsstruktur | 17 |
|     2. Demographische und wirtschaftliche Ursachen | 21 |
|     3. Ursachen in der Bindung Frankreichs an den Gemeinsamen Markt | 24 |
| V. Das theoretische Konzept der Neuordnungsmaßnahmen | 26 |
|     1. Der Begriff des Aménagement du Territoire im französischen Selbstverständnis | 26 |
|     2. Die Planification | 28 |
|     3. Der Regionalismus | 30 |
|     4. Der Urbanisme | 33 |
| VI. Die Politik des Aménagement du Territoire | 34 |
|     1. Die industrielle Dezentralisation | 34 |

    2. Die Dezentralisierung des Dienstleistungssektors ............ 39

    3. Die Umgestaltung der ländlichen Gebiete ................... 40

    4. Die Touristenzentren ....................................... 41

    5. Die Verkehrs- und Kommunikationswege ................... 42

    6. Die Neuordnung des Städtewesens .......................... 42

VII. Die Kommunalreform ........................................ 45

    1. Kommunalreform oder Kommunalfinanzreform? ............ 45

    2. Kommunalreform und Raumordnung ...................... 45

    3. Erfahrungen mit früheren Kommunalreformen .............. 46

    4. Die Fusion der Gemeinden ................................. 48

    5. Interkommunale Zusammenschlüsse ........................ 51

    6. Die Bilanz der Kommunalreform ........................... 55

VIII. Die Regionalreform .......................................... 56

    1. Frühere Reformen ......................................... 56

    2. Das Reformgesetz vom 5. 7. 1972 ........................... 58

    3. Kritische Würdigung der Regionalreformen ................. 61

IX. Gesamtbilanz der französischen Neuordnungsmaßnahmen ...... 63

Literaturverzeichnis ................................................ 64

# I. Einleitung

Der ausländische Beobachter, der die seit Mitte der 50iger Jahre unternommenen Maßnahmen zur Neuordnung des französischen Staatsgebietes verfolgt hat, wird nur bei vordergründiger Betrachtung zu der Auffassung kommen können, daß es sich hier um eine spezifisch französische Problemstellung ohne paradigmatischen Charakter handelt. Sicher gibt es innerhalb dieser Neuordnungsmaßnahmen solche spezifischen Probleme. Doch weist die Gesamtbetrachtung die Maßnahmen der Neuordnung als gemeinsames Problem westlicher Industriestaaten aus, die auf planvolle Entwicklung ihrer Wirtschaft und Gesellschaft angewiesen sind.

Ein Bericht über die Neuordnungsmaßnahmen, der ein möglichst vollständiges und differenziertes Bild geben will, darf den Begriff der Neuordnungsmaßnahmen nicht in dem engen Sinne verstehen, in dem nur Gebiets- und Aufgabenveränderungen der Verwaltungseinheiten kritisch zu beschreiben wären. Den Angelpunkt des Berichtes müssen vielmehr die unter dem Stichwort „Aménagement du Territoire" zusammengefaßten Strukturveränderungen Frankreichs bilden. Es sind, wie sich zeigen wird, Strukturveränderungen, die auf eine planvolle Entwicklung der französischen Gesellschaft unter wirtschaftlichen, sozialen, räumlichen und politischen Gesichtspunkten abzielen. Instrument dieser Entwicklung ist eine Art integrierte Planung, die auch die Umstrukturierung der Verwaltungseinheiten erfaßt.

Es dürfte nützlich sein, Begriff und Problemstand der Entwicklungsplanung in der BRD an dieser Stelle zusammenfassend zu umreißen. Damit mag deutlich werden, ob und wie sich das französische Entwicklungsplankonzept von dem deutschen unterscheidet.

## II. Der Begriff der Entwicklungsplanung in der Bundesrepublik

### 1. Die Entwicklungsplanung als allgemeine Infrastrukturplanung

Die Entwicklungsplanung ist — so die im deutschen Schrifttum durchweg vertretene These — eine Fortentwicklung der räumlichen Planung[1]. Überwiegend wird die Entwicklungsplanung als eine räumliche, wirtschaftliche, soziale und finanzielle Aspekte *zusammenfassende* Infrastrukturplanung charakterisiert[2]. Der Raum ist nicht der einzige Anknüpfungspunkt der Planung wie bei der Raumordnung, sondern zunächst nur begrenzender Rahmen der Planung, daneben ist er *ein* Planungsaspekt neben anderen. Entwicklungsplanung ist demnach keine räumliche Planung, sondern Planung der gesellschaftlichen Entwicklung in einem bestimmten Raum, sie ist Instrument zur Globalsteuerung der Umwelt[3], die infrastrukturgebunden ist und sich wachstumsgerecht entwickeln soll[4].

### 2. Die Entwicklungsplanung als Gegensatz zur Anpassungs- und Ordnungsplanung

Die Entwicklungsplanung unterscheidet sich von einer bloßen Ordnungs- oder Anpassungsplanung. Als Anpassungs- und Ordnungsplanung ist die Planung ein von liberalen Ordnungsvorstellungen geprägtes Mittel, die (räumliche) Umwelt „an einen naturwüchsigen wirtschaftlichen und gesellschaftlichen Prozeß", der selbst ungeplant bleibt, anzupassen[5]. Ihre klassische Ausdrucksform hat diese Planung in der räumlichen Planung gefunden. Deren Wesen besteht darin, daß sie eine „abstrakte rechtliche Ordnung des Raumes (zur Verfügung stellt), um die

---

[1] *Niemeier*, Landesentwicklung, S. 14 ff.; *Wagener*, Instrumentarium, S. 24 f.; *Bielenberg*, Entwicklungsplanung, S. 59, 61; *Albers*, AfK, S. 203 ff.; *Geissler*, S. 105; *Brenken*, S. 251.

[2] *F. Wagener*, Instrumentarium, S. 24; *Bielenberg*, Entwicklungsplanung, S. 63; *E. Laux*, S. 63; *Schmidt-Assmann*, S. 104; *Feussner/Wagner*, S. 221; *Weyl*, S. 476; *Albers*, Stadtbauwelt, S. 12; ferner W. Weber, Planende Verwaltung, S. 22; *G. Müller*, S. 32.

[3] *F. Wagener*, Entwicklungsplanung, S. 93.

[4] *D. Marx*, S. 13; *Geissler*, S. 103.

[5] *Feussner/Wagner*, S. 221; *Wagener*, Instrumentarium, S. 24; *Friauf*, Raumordnung, S. 457; *Albers*, Stadtbauwelt, S. 12.

künftige Raumnutzung zu kanalisieren". Die Verwirklichung dieser Nutzung bleibt jedoch „individuellen Entschlüssen, sei es privater Grundeigentümer und Bauherren, oder sei es öffentlicher Stellen ... überlassen"[6]. Als konzeptionelle Entwicklungsplanung[7] nimmt die Planung unter Abkehr von ihrer bloß passiven, rahmensetzenden Zielsetzung unmittelbaren Einfluß auf die Entwicklung des Planungsobjektes. War diese Entwicklung bei der Anpassungs- und Ordnungsplanung lediglich in einen Rahmen verwiesen und blieb innerhalb dieses Rahmens autonom, so wird sie in der konzeptionellen Entwicklungsplanung zum unmittelbaren und eigentlichen Steuerungsobjekt. Dieser Planung liegt die Vorstellung zugrunde, daß eine bloß rahmensetzende Planung zur störungsfreien Entwicklung des Planungsobjektes nicht mehr ausreicht, daß die öffentliche Hand vielmehr aufgerufen ist, diese Entwicklung selbst herbeizuführen. Die vielberufenen Äußerungen von der Planung als sozialstaatlichem Handlungs- und Führungsinstrument haben hier ihre eigentliche Berechtigung[8].

### 3. Die Entwicklungsplanung als integrative Planung

Noch nicht abschließend geklärt ist, ob die Entwicklungsplanung lediglich in einer *Koordinierung* raumbezogener und nicht raumbezogener Planungen besteht oder ob sie eine *integrierte* Planung ist[9]. Der dargestellten Zielsetzung der Entwicklungsplanung entspricht eine integrative Planung wohl eher als eine lediglich koordinierende[10]. Entwicklungsplanung in diesem Sinne kann auf Bundes-, Landes-, Kreis- oder Gemeindeebene betrieben werden — anders ausgedrückt, überall da, wo ein größeres Bündel von Aufgaben, die für die Entwicklung der (Teil-)Gesellschaft relevant sind, besteht. Dabei müssen sich die Entwicklungsplanungen der unteren Ebene in die übergeordneten einfügen[11].

### 4. Die Instrumentarien der Entwicklungsplanung

Wenig behandelt ist bisher die Frage, welcher Instrumentarien sich die Entwicklungsplanung zu ihrer Verwirklichung bedient. An dieser

---

[6] *Friauf*, Raumordnung, S. 457; *Bielenberg*, Gutachten B 10.
[7] Vgl. *Böckenförde*, S. 433; *Wagener*, Politische Entscheidung, S. 573; *Friauf*, Raumordnung, S. 458; *Albers*, Stadtentwicklungsplanung, Sp. 3202.
[8] Vgl. etwa *Niemeier*, Landesentwicklung, S. 9 f., 14, 15; derselbe, Entwicklungstendenzen, S. 6; *Ronge/Schmieg*, S. 15; *Lompe*, S. 62.
[9] Zum Problem *Schmidt - Assmann*, S. 105 mit FN 16.
[10] In diesem Sinne *E. Laux*, S. 88 ff.
[11] *F. Wagener*, Instrumentarium, S. 53.

Kardinalfrage entscheidet sich, ob die Entwicklungsplanung sich von einer Anpassungs- und Ordnungsplanung nicht nur in ihrem Zielkonzept, sondern auch in den Mitteln unterscheidet. Soweit ersichtlich, soll die Entwicklungsplanung vor allem durch den Einsatz monetärer und realer Ressourcen[12] (Finanzmittel, Flächen, Bauten, öffentliche Dienstleistungen) verwirklicht werden. Die in der Planung erfolgende Festsetzung von sachlichen und zeitlichen Prioritäten und Schwerpunkten der Entwicklung soll durch Lenkungsmittel in Gestalt staatlicher und kommunaler Strukturverbesserungsmaßnahmen (Baumaßnahmen, Tarifgestaltung öffentlicher Verkehrsmittel, Steuervorteile, Subventionen) erreicht werden[13]. Die Entwicklungsplanung wird demnach im wesentlichen als *influenzierende* Planung verstanden[14]. Ihr Erfolg hängt vom Einsatz verfügbarer Ressourcen ab. Sie kann aus diesem Grunde sinnvoll auch nur von solchen Planungsträgern betrieben werden, die über einen eigenen Haushalt oder Investitionsfonds verfügen[15]. Auf die kompetenzrechtlichen Schwierigkeiten, die sich bei einer solchen Planung durch Ressourceneinsatz ergeben, ist mit Recht aufmerksam gemacht worden[16]. Sie sind im deutschen Schrifttum bisher noch weniger ins Blickfeld getreten als die Mittel selbst.

### 5. Spezifische Probleme der Entwicklungsplanung

Mit der integrativen Eigenschaft der Entwicklungsplanung hängt ein weiterer Gesichtspunkt zusammen. Weil diese Planung die Beschränkung auf einzelne Bereiche menschlichen Daseins aufgibt, ihr also die vor allem bei Verwaltungsplänen vorfindliche spezielle Zwecksetzung, die bis zum Sachzwang hinsichtlich des Zieles und der Mittel des Planes führen kann[17], fehlt, sind Ziel- und Mittelauswahl sowie die Setzung von Prioritäten und Schwerpunkten bei der Entwicklungsplanung eines der entscheidenden Probleme[18]. Dieser Umstand muß Auswirkungen auf die demokratisch-rechtsstaatlichen Anforderungen an die Planung haben.

---

[12] Dazu grundlegend *U. Becker*, S. 139 ff.
[13] Vgl. *H. J. Wolff*, S. 79; *Kl. von der Groeben*, S. 177; *Mäding*, S. 343; *Friauf*, Raumordnung, S. 458.
[14] *Wolff*, S. 79.
[15] *Wagener*, Instrumentarium, S. 53.
[16] *Niemeier*, Landesentwicklung, S. 11 f.; *derselbe*, Entwicklungstendenzen, S. 15.
[17] *Feussner/Wagner*, S. 221; *U. Scheuner*, Planung, S. 77.
[18] *Feussner/Wagner*, S 221; *U. Scheuner*, S. 77.

## 6. Praktische Ansätze einer Entwicklungsplanung in einzelnen Bundesländern

Mißt man die bisher in der BRD vorgelegten Programme und Pläne an dem vorgestellten Entwicklungsplanungskonzept, so stellt man fest, daß dieses Konzept bisher nur in einigen Bundesländern Eingang gefunden hat. Zu erwähnen ist der Landesentwicklungsplan Hessen 80, das Landesentwicklungsprogramm Niedersachsen 1985 und das Nordrhein-Westfalenprogramm 1975.

## III. Die französischen Neuordnungsmaßnahmen als Form der Entwicklungsplanung

### 1. Das Aménagement du Territoire — Raumplanung oder Entwicklungsplanung?

Die Zuordnung der französischen Neuordungsmaßnahmen zu der beschriebenen Entwicklungsplanung wird nicht durchweg auf Zustimmung rechnen können. Im deutschen Schrifttum ist das Aménagement du Territoire bisher als Raumplanung verstanden worden[1]. Zweifellos sind die Raumaspekte des Aménagement du Territoire deutlich ausgeprägt. Vor allem die Planziele sind teilweise identisch mit den deutschen Raumordnungszielen — freilich mit Akzentverschiebungen, die den spezifisch französischen Problemen Rechnung tragen. Die Mittel der Planverwirklichung reichen jedoch, wie der Verlauf der Untersuchungen ergeben wird, über eine Raumplanung im herkömmlichen Sinne hinaus. Das Aménagement du Territoire ist keine bloß Rahmen setzende, passive Planung wie die Raumplanung. Sie enthält nicht nur deutliche Ansätze einer strategischen, Raum, Zeit und Finanzen integrierenden Planung, sondern nimmt auch teilweise Privatsubjekte in Pflicht. Insofern geht sie auch über neuere Tendenzen der deutschen Landesplanung hinaus, die von Entwicklungsprogrammen statt von Raumordnungsprogrammen spricht und versucht, wenigstens durch die stärkere Einbeziehung des Zeitfaktors über eine bloß Rahmen setzende Planung hinauszugelangen[2].

---

[1] Vgl. *Brücher*, S. 265 ff., der durchgängig von Raumordnung bzw. Raumplanung spricht sowie die Übersetzung des Begriffes Aménagement du Territoire bei *Lerouge*, Sp. 788 ff.; vgl. schließlich auch die Pressemitteilung der französischen Botschaft, Bilanz.

[2] Vgl. nordrhein-westfälisches Planungsgesetz vom 7. 5. 1962 (GVBl 229) § 12 (Entwicklungsprogramm); baden-württembergisches Landesplanungsgesetz vom 19. 12. 1962 (GVBl 63, 1) Art. 23 ff. (Entwicklungsplan); niedersächsisches Landesplanungsgesetz vom 31. 3. 1966 (GVBl 69) § 11 (Entwicklungsprogramm); rheinland-pfälzisches Landesplanungsgesetz vom 16. 6. 1966 (GVBl 177) § 10 (Landesentwicklungsprogramm); bayerisches Landesplanungsgesetz vom 6. 2. 1970 (GVBl 11) Art. 13 ff. (Landesentwicklungsprogramm); hessisches Landesplanungsgesetz vom 18. 3. 1970 (GVBl I 311) § 1 Abs. 2, § 2a (Landesentwicklungsplan); schleswig-holsteinisches Landesplanungsgesetz vom 13. 4. 1971 (GVBl 152) §§ 2, 11 (Landesentwicklungsgrundsätze, Kreisentwicklungspläne); nordrhein-westfälisches Landesplanungsgesetz (GVBl 1972, 244) § 11 (Entwicklungsplan). Im Bundesraumordnungsgesetz taucht der Begriff „Entwicklung"

## 2. Die Stellung des Parlamentes in der französischen Entwicklungsplanung

Die Einbeziehung des Aménagement du Territoire in den jeweiligen Nationalplan seit dem 4. Plan (1962—1965) hat die Folge gehabt, daß die Ausarbeitung des Nationalplanes für das Aménagement du Territoire und des allgemeinen Nationalplanes im selben Verfahren erfolgen[3]. Dementsprechend erfaßt nunmehr die Beteiligung des Parlamentes an der Aufstellung und Durchführung des Nationalplanes auch das Aménagement du Territoire. Die Planung gehört an sich nicht zu den in Art. 34 der Verfassung von 1958 dem Parlament vorbehaltenen Gesetzgebungsmaterien[4]. Durch Gesetz Nr. 62—900 vom 4. 8. 1962 hat sich das Parlament jedoch das Recht erkämpft, daß die Regierung, bevor sie einen Plan ausarbeiten läßt, dem Parlament zunächst die grundsätzlichen Optionen, die dem künftigen Plan zugrunde liegen sollen, ohne Details und ohne operationelle Modalitäten zur (gesetzlichen) Billigung vorlegen muß[5]. Die parlamentarische Billigung bezieht sich auf die Ablehnung oder Zustimmung. Änderungswünsche des Parlamentes werden von der Regierung in der Regel nur zur Kenntnis genommen[6]. Hat das Parlament die Planoptionen der Regierung gebilligt, so arbeitet diese den definitiven Plan aus und unterbreitet diesen schließlich zur Billigung durch ein Gesetz, dem der Plan als Annex beigefügt wird[7]. An der Plandurchführung ist das Parlament in der Form der jährlichen Bewilligung der Haushaltsmittel beteiligt. Die Regierung hat nach dem

---

in § 1 Abs. 1 auf. In den veränderten Bezeichnungen kommt der Versuch zu einer umfassenden, nicht nur negativ-rahmensetzenden Planung zu gelangen, zum Ausdruck.

Hinzu kommt, daß einzelne Gesetze eine positive Gestaltung der Raumentwicklung, nicht nur die planende Abwehr unerwünschter Entwicklungen verlangen: vgl. § 1 Abs. 2 nordrhein-westfälisches Landesplanungsgesetz vom 7. 5. 1962. — Schließlich ist der Zeit- und Finanzbezug der Raumplanung in den Landesplanungsgesetzen verstärkt worden: die Gesetze schreiben z. T. eine periodische Fortschreibung bzw. Erneuerung der Entwicklungsprogramme vor: Art. 14 Abs. 5 bayerisches Landesplanungsgesetz i. d. F. von 1972, (GVBl 141); § 11 Abs. 5 rheinland-pfälzisches Landesplanungsgesetz; Artt. 27 Abs. 3, 33 baden-württembergisches Landesplanungsgesetz — betreffend Entwicklungspläne der Kreise und kreisfreien Städte. Sie nehmen auch teilweise auf die Finanzierung der Entwicklungsplanung Bezug: Artt. 27 Abs. 3, 33 baden-württembergisches Landesplanungsgesetz; § 10 nordrhein-westfälisches Landesplanungsgesetz (GVBl 1972, 244); § 3 Abs. 1, § 4 Abs. 1 Bundesraumordnungsgesetz.

[3] *Laubadère*, Tome II No 889; zum folgenden auch *Fikentscher*, S. 67 ff.
[4] *Laubadère*, Tome III 2e Volume No 872.
[5] *Laubadère*, Tome III 2e Volume No 875.
[6] *Laubadère*, Tome III 2e Volume No 875; *Herzog*, S. 29 ff.; ferner *Briefs*, S. 209 f.; und *A. Shonfield*, S. 165 f.
[7] *Laubadère*, Tome III 2e Volume No 876.

bereits erwähnten Gesetz dem Gesetzentwurf für den Haushaltsplan einen Bericht über den Stand der Planverwirklichung beizufügen[8].

### 3. Die Umgestaltung des Budgets durch die Entwicklungsplanung

Man hat in Frankreich sehr bald erkannt, daß die Planung überhaupt und längerfristige Planungen insbesondere im überkommenen Haushaltsrecht keine Berücksichtigung finden, weil dieses nur eine sektorielle, nicht aber programmäßige Zusammenstellung der Ein- und Ausgaben des Staates im Haushaltsplan kennt und auf den Jahresrhythmus abstellt. Diesen Problemen hat das französische Haushaltsrecht inzwischen teilweise durch eine neue Technik der Budgetpräsentation Rechnung getragen[9]. Hingegen sind Versuche, die Jährlichkeit der Ausgabenbewilligung durch sogenannte Programmgesetze[10], die eine mehrjährige Ausgabenbetätigung für bestimmte Programme gestatten, zu überwinden, bisher nur sporadisch nachweisbar. Man scheut sich offenbar, das Haushaltsrecht so tiefgreifend umzugestalten[11].

### 4. Verwaltungsreform und Entwicklungsplanung

Die Planung der Verwaltungsorganisation ist in das Aménagement du Territoire nicht im eigentlichen Sinne integriert. Sie läuft, durch gesetzgeberische Maßnahmen sanktioniert, nebenher, freilich wie zu zeigen sein wird, in engem sachlichen und zeitlichem Zusammenhang.

Man hat mit Recht festgestellt, daß in der strukturpolitischen Entwicklungsplanung die interne, d. h. auf das Funktionieren der Staatsorganisation und des Staatsapparates bezogene Planung mit der externen Planung verschmilzt, durch die der Staat private Subjekte in Pflicht nimmt[12].

---

[8] *Herzog*, S. 33.
[9] Dazu unten S. 29.
[10] Dazu Art. 34 Abs. 6 der Verfassung von 1958 und *Prélot*, No 548; *R. Geiger*, S. 166 FN 28; *Shonfield*, S. 151, 163 FN 28.
[11] Vgl. *Laubadère*, Tome III 2e Volume No 885.
[12] *Aderhold*, S. 30 f.

## IV. Die Ursachen der französischen Neuordnungsmaßnahmen

### 1. Ursachen in der Verwaltungsstruktur

Sucht man nach den Gründen der französischen Neuordnungsmaßnahmen, so lassen sich gewichtige Ursachen nennen, die in der rapiden Entwicklung einer früher vorwiegend landwirtschaftlich orientierten Gesellschaft zu einer Industriegesellschaft liegen. Bei der Würdigung dieser Ursachen darf aber nicht außer Betracht bleiben, daß sie nicht zuletzt deshalb die Neuordnung in Gang gesetzt haben, weil die überkommene Verwaltungsstruktur Frankreichs in viel geringerem Umfang als etwa die der Bundesrepublik in der Lage war, diese Ursachen organisatorisch zu bewältigen.

Um die Beziehungen zwischen der zu Beginn der 50iger Jahre vorhandenen Verwaltungsstruktur und den modernen Ursachen der Neuordnung herzustellen, soll zunächst ein vereinfachter Umriß der damals vorhandenen Verwaltungsstruktur gegeben werden. Die zum Teil noch immer fortwirkenden ideologischen Grundlagen dieser Struktur sind besonders aufschlußreich, weil sich an ihnen einmal mehr nachweisen läßt, wie etablierte Ideologien von Sachzwängen überrollt werden[1].

a) Nicht zuletzt unter dem Einfluß Rousseaus[2] wurde in der französischen Revolution die Doktrin von der Staatsnation als „corps unique" entwickelt. In scharfen Gegensatz zum Ancien Régime, in dem der Gedanke nationaler Einheit mit einer gegliederten Gesellschaft noch nicht in Widerspruch geriet[3], kennzeichnet die französische Revolution die Vorstellung, zur Herstellung der nationalen Einheit sei die Beseitigung aller intermediären und partikulären Kräfte notwendig[4]. Mit der Schaffung einer einheitlichen Verwaltung sollten lokale und partikularistische Widerstände gegen die Revolution erstickt werden[5]. So wird das Staatsgebiet durch Gesetz vom 22. 12. 1789 und 26. 2. bzw. 3. 4. 1790 in 83 (zur Zeit 95) Departements eingeteilt, welche die alten Provinzen zerstückeln[6]

---

[1] Dazu *G. Langrod*, Hauptprobleme, S. 198; zum folgenden insgesamt instruktiv *Servan-Schreiber*, S. 11—23.
[2] Dazu *Leisner*, S. 115 f.
[3] Vgl. *Sautel*, No 15.
[4] *Leisner*, S. 115 f.; *M. Hauriou*, S. 186; *Sautel*, No 69; *H. Detton*, S. 12; vgl. auch *Toqueville*, S. 225 ff.
[5] Vgl. *Lebon*, S. 78.
[6] *Hauriou*, S. 186.

18    IV. Die Ursachen der französischen Neuordnungsmaßnahmen

und zunächst aus 6 bis 9 „circonscriptions" bestehen, die sich „district" nennen. An deren Stelle treten seit dem Jahre VIII 4 bis 5 „arrondissements" pro Departement[7]. Die Größe der Departements wird nach den damals möglichen Tagereisen zu Pferde bestimmt[8]. Die kleinste Verwaltungsebene bilden nach wie vor die Gemeinden. Der Versuch, die alt hergebrachten Verwaltungszuständigkeiten der Städte und Dörfer auf eine Verwaltungseinheit „Großgemeinden" weitgehend zu übertragen und damit einmal mehr den lokalen Widerstand zu beseitigen, hat sich nicht durchgesetzt, aber bei der Bildung der Distrikte bzw. der Arrondissements eine Rolle gespielt[9]. Man streitet darüber, ob die im wesentlichen in und unmittelbar nach der französischen Revolution geschaffene Einteilung des Staatsgebietes ohne Rücksicht auf regionale Besonderheiten nach uniformen, geometrischen Gesichtspunkten erfolgt ist, oder ob bei der Bildung der Departements an die alten Provinzen wenigstens teilweise angeknüpft wurde[10]. Vieles spricht für überwiegend rationale und damit künstliche Einteilungsgesichtspunkte, und so wurde die Gebietseinteilung auch von namhaften deutschen Autoren verstanden[11]. Der Streit kann hier auf sich beruhen. Entscheidend ist, daß der Einteilung des Staatsgebietes, abgesehen von der Kommunalebene, zunächst kaum eine Zusammenfassung gemeinsamer Interessen und Probleme zugrunde lag[12]. Gemeinsame Interessen innerhalb des Departments und seiner Untergliederungen haben sich vielmehr erst im Laufe der Zeit *infolge* der Verwaltungsgrenzen, vielleicht zum Teil als Notwendigkeit gebildet[13]. Die so entstandene Bildung regionaler Interessen mögen einen faktischen Dezentralisierungseffekt innerhalb der Verwaltungsorganisation begünstigt haben, reichen aber nicht aus, um die modernen Entwicklungen der Industriegesellschaft aufzufangen. Denn solche Bildungen entstehen weitgehend ohne Rücksicht auf die spezifischen Strukturprobleme der Industriegesellschaft, wie sie sich beispielsweise aus Binnenwanderungen der Bevölkerung oder einem verschiedenen Industrialisierungsgrad ergeben. Die Interessenbildungen bleiben dem jeweiligen Status quo innerhalb eines Gebietsteiles verhaftet und verstärken ihn unter Umständen[14]. Hinzukommt, daß

---

[7] *Sautel*, Nos 71, 192 f.; ferner *Hauriou*, S. 188 FN unter 4; *Martin*, S. 3.
[8] *Gravier*, S. 125.
[9] *Sautel*, Nos 70, 71; ferner *J. Hartmann*, S. 345; *Detton*, 13 f.
[10] Im ersteren Sinne: *Sautel*, No 70 f.; *P. Légendre*, S. 110 ff.; im verneinenden Sinne: *Debbasch*, No 223; vgl. weiterhin *Hauriou*, S. 188; *Waline*, No 499; *Auby/Ducos-Ader*, Institutions No 45.
[11] Z. B. *von Bluntschli*, S. 676, 678; *von Mohl*, S. 197; *von Hippel*, S. 64; *Heffter*, Sp. 3621; *K. von der Groeben*, S. 69.
[12] So *Debbasch*, No 223.
[13] *Debbasch*, No 223; *Hauriou*, S. 188 (FN); *Waline*, No 499.
[14] Vgl. *Ch. Roig*, S. 13.

## IV. Die Ursachen der französischen Neuordnungsmaßnahmen

eine gleichzeitig bestehende zentralistische Tendenz der Verwaltungsorganisation auch eine starke Ausrichtung der Gesellschaft auf das Entscheidungszentrum (Paris) mit sich bringt und dadurch die Bildung neuer regionaler Interessenschwerpunkte unter Industriealisierungsgesichtspunkten weitgehend verhindert. Die überkommenen verwaltungsorganisatorischen Besonderheiten haben jedenfalls eine psychologische und organisatorische Dezentralisierungsbereitschaft, vor allem unter modernen Gesichtspunkten, erheblich erschwert. Auch die herkömmliche Verteilung der öffentlichen Aufgaben auf die Verwaltungsträger ist einer Dezentralisierungsbereitschaft nicht günstig gewesen.

b) Im Departement liegt seit dem Jahre VIII das Schwergewicht der Verwaltungszuständigkeiten in der Person des vom Staat ernannten Präfekten, der in gewissem Sinne als Fortsetzung der Einrichtung der königlichen Intendanten in den Provinzen des Ancien Régime gelten kann[15]. Charakteristisch formuliert Artikel 3 des Gesetzes vom 28. pluviose an VIII: dem Präfekten obliegt *allein* die Verwaltung[16]. Daran haben auch spätere einzelne Dezentralisierungsmaßnahmen[17] nichts geändert. 1871 heißt die vergleichbare Bestimmung im Gesetz vom 10. 8. 1871 betreffend die Generalräte des Departements Artikel 3: der Präfekt ist der Repräsentant der Exekutivgewalt im Departement. Er überwacht die Ausführung der Gesetze und Entscheidungen der Regierung[18]. Schließlich nimmt das Dekret No. 64—250 vom 14. 3. 1964 in Artikel 1 mit einer ähnlichen Formulierung dasselbe Prinzip wieder auf[19]. Die starke Konzentration von Verwaltungszuständigkeiten in der Person des Präfekten kommt plastisch in der Zahl dieser Zuständigkeiten zum Ausdruck: 1951 waren es bereits 2457[20]. Demgegenüber besitzt der Rat des Departements nach dem mehrfach geänderten Gesetz vom 10. 8. 1871 — Artikel 37 ff. — vergleichsweise geringe Verwaltungszuständigkeiten. Neben der Votierung des Budgets richtet er die fakultativen und obligatorischen öffentlichen Einrichtungen des Departements ein (vor allem im Sozial- und Gesundheitswesen) und beschließt über die öffentlichen Arbeiten, soweit sie jeweils vom Departement finanziert werden müssen. Er verwaltet die öffentlichen Sachen sowie das Vermögen des Departements und ist für dessen Personal zuständig. Schließlich kann er unverbindliche Stellungnahmen und Meinungsäußerungen zu Fragen von allgemeinem oder Departementinteresse abgeben. Seine Beschlüsse werden vom Präfekten ausgeführt.

---

[15] *Waline*, No 500; *Debbasch*, No 226; *Sautel*, No 62.
[16] Zit. nach *Debbasch/Pinet*, S. 71.
[17] Dazu *Berthélemy*, S. 174 ff.
[18] *Debbasch/Pinet*, S. 78.
[19] *Debbasch/Pinet*, S. 96.
[20] *Waline*, No 505.

c) Besitzt das Departement in Anbetracht der erwähnten Zuständigkeiten des Rats noch eine gewisse Dezentralisierungsfunktion im Verwaltungsaufbau, so fehlt diese Funktion den zur Zeit bestehenden 317 Arrondissements völlig. Eigenständige intermediäre Interessen, die zwischen denen der Gemeinde und denen des Departements liegen, organisiert das arrondissement nicht. Es besitzt im Gegensatz zum Departement keine Rechtspersönlichkeit und keinerlei nennenswerte eigene Verwaltungszuständigkeiten. Es ist lediglich eine dekonzentrierte Verwaltungseinheit[21]. Der bloßen Dekonzentrationswirkung entspricht die Stellung des Sous-Präfekten. Auf ihn sind ein Teil der Aufgaben des Präfekten übertragen, z. B. die Aufsicht über Gemeinden bis zu 40 000 Einwohnern[22]. Im übrigen besitzt der Sous-Präfekt eine Vermittlerrolle: während der Präfekt die durchschnittlich 422 Gemeinden seines Departements kaum aus eigener Anschauung kennt, kann der Sous-Präfekt die ca. 122 Gemeindeverwaltungen seines arrondissements noch zum Teil kennen und über deren Probleme „nach oben" berichten[23].

d) Die Region existierte als ständige dezentralisierte Verwaltungseinheit bis Mitte der 50iger Jahre überhaupt nicht. Nur unter besonderen Umständen wurde interimistisch von ihr Gebrauch gemacht[24]. Deshalb kann sie in dem hier gegebenen summarischen Überblick über die Verwaltungsstruktur noch unberücksichtigt bleiben. Nicht zu erwähnen sind auch in diesem Zusammenhang staatliche Verwaltungsbehörden auf regionaler Ebene. Sie sind dekonzentrierte staatliche Verwaltungseinheiten, die vor allem eingerichtet wurden, um die Unannehmlichkeiten der zu zahlreichen Departements für die Staatsverwaltung auszugleichen[25].

e) Die Struktur der Gemeinden und ihrer Verwaltung schließlich reicht bis in die französische Revolution zurück. Das Gesetz vom 14. bzw. 22. 12. 1789 beseitigt den Unterschied zwischen Stadt- und Landgemeinden und schafft für alle Gemeinden ein einheitliches Regime[26]. An diesem Rechtszustand hat sich bis heute nichts geändert, wobei eine Rolle spielen dürfte, daß in einem zentralistisch orientierten Staat ein unterschiedliches Regime für Stadt- und Landgemeinden nur schwer erträglich ist[27]. Von den 37 650 Gemeinden Frankreichs[28] haben 31 000

---

[21] *Waline*, No 427; *Debbasch*, No 232; *Martin*, S. 6.
[22] *Waline*, No 428; *Debbasch*, No 232.
[23] *Waline*, No 428. — Der nur als Wahlbezirk bedeutsame „canton" kann hier außer Betracht bleiben, vgl. *Martin*, S. 6.
[24] *Waline*, No 429; *Debbasch*, No 244; *Martin*, S. 6 f.
[25] Vgl. die Angaben über die Behörden bei *Auby/Ducos-Ader*, Institutions No 46 mit FN 1.
[26] *Hauriou*, S. 221; *Hartmann*, S. 345; *Debbasch*, No 201.
[27] *Hartmann*, S. 346; *Martin*, S. 5.
[28] Vgl. die Angaben in Bulletin No 4, No 431; *Debbasch*, No 244; *Hartmann*,

IV. Die Ursachen der französischen Neuordnungsmaßnahmen 21

weniger als 1000, 24 000 weniger als 500 Einwohner mit einem Durchschnittsbudget zwischen 10 und 20 000 französischen FF, 4000 weniger als 100, 800 weniger als 50, 8 überhaupt keine Einwohner[29]. In 34 449 Gemeinden mit weniger als 2000 Einwohnern lebt nur ⅓ der Gesamtbevölkerung[30]. Die Verwaltungszuständigkeiten des Gemeinderates bestehen prinzipiell darin, über die Angelegenheiten der Gemeinden zu beschließen. Wie schon Berthélemy hervorgehoben hat, ist diese erstmals 1884 in das Gesetz aufgenommene Formulierung nicht ohne weiteres im Sinne einer Allzuständigkeit der Gemeinde zu verstehen[31]. Vielmehr sind die Zuständigkeiten weitgehend mit denen des Rats im Departement identisch, mit dem Unterschied, daß sie sich auf die komunale Ebene beschränken[32].

## 2. Demographische und wirtschaftliche Ursachen

Vermutlich hätte die beschriebene zentralistische Struktur Frankreichs bis heute keine Aufweichung erfahren, wenn nicht Ursachen wirksam geworden wären, die durch die Industrialisierung hervorgerufen werden und denen zur Vermeidung gesellschaftlicher und politischer Spannungen Rechnung getragen werden mußte. Diese Ursachen sind zunächst national-demographischer und wirtschaftlicher Natur. Nicht zu unterschätzen sind auch die durch die Schaffung des gemeinsamen Marktes eingeleiteten Entwicklungen.

a) Die Gesamtbevölkerung Frankreichs betrug 1970 knapp über 50 Millionen. Davon lebten etwas über 18 % im Pariser Raum. Die durchschnittliche Bevölkerungszahl betrug 1961/62 84 Einwohner pro Quadratmeter (in der Bundesrepublik 219 pro Quadratmeter), in 35 von 90 Departements lag die durchschnittliche Dichte unter 50 Einwohnern pro Quadratmeter[33]. 54,4 % des Staatsgebietes = 295 389 qm waren von 14 187 000 Einwohnern = 31,9 % der Gesamtbevölkerung bewohnt[34]. Diese demographischen Zahlen sind neben noch zu erwähnenden wirtschaftlichen Ursachen die Basis des berühmt gewordenen Schlagwortes von der französischen Wüste, das *Gravier* 1947 in seiner programmatischen Schrift „Paris et le désert français" geprägt hat. Die unausge-

---

S. 346; zum Vergleich: die anderen 5 EWG-Länder haben zusammen 36 321 Gemeinden.

[29] Vgl. die nur leicht differierenden Angaben bei *Waline*, No 429 und *Debbasch*, No 244; bei *Hartmann*, S. 346 aufschlußreiche Angaben über die Entwicklung von 1882—1962 bezüglich der Zwerggemeinden.

[30] *Hartmann*, 346; *Debbasch*, No 244.

[31] *Berthélemy*, S. 230 f.

[32] *Waline*, Nos 450 ff.; *Debbasch*, No 204.

[33] *Gravier*, S. 147; 1970: 93 pro qm (entnommen der Tabelle in: Europäische Gemeinschaft, S. 262).

[34] *Gravier*, S. 148.

glichene Demographie Frankreichs bestätigt auch ein Vergleich der Bevölkerungsentwicklung im Pariser Raum einerseits und in der Provinz andererseits: so wuchs die Bevölkerung im Pariser Raum in der Zeit von 1801 bis 1851 um 65 %, in der Provinz jedoch nur um 28,8 %; für 1851—1901 betragen die Vergleichszahlen 111,4 % gegen 5,1 % in der Provinz, für 1901—1954 54,5 % gegenüber minus 1,35 % in der Provinz und schließlich für 1954—1962 14,8 % gegenüber 6,7 % in der Provinz[35]. Abgesehen von der schon im allgemeinen unausgeglichenen Bevölkerungsstruktur ist die Territorialreform in Frankreich durch die Verstädterung der Bevölkerung beschleunigt worden[36], die vor allem seit dem 2. Weltkrieg rapide zugenommen hat: zwischen 1954 und 1962 jährlich durchschnittlich um 2,4 %, zwischen 1962 und 1968 um 2,9 % jährlich. 7 von 10 Franzosen leben nunmehr in Städten[37], deren Leistungskraft freilich außerordentlich unterschiedlich ist. Das gilt vordergründig im Hinblick auf die zur Verfügung stehenden Wohnungen[38], in einem ganz allgemeinen Sinne jedoch für die gesamte städtische Infrastruktur. So kann eine Kleinstadt nur bestimmte Ausbildungsstätten unterhalten, die durch die Ausbildungsmöglichkeiten der nächstgelegenen mittleren Stadt ergänzt werden. Bestimmte Ausbildungsmöglichkeiten bleiben schließlich der nächstgelegenen Großstadt vorbehalten[39]. Zwischen den Gemeinden mit Stadtmilieu in einem bestimmten geographischen Raum entsteht, wie das Beispiel aus dem Bildungssektor verdeutlicht, ein System von Stadtdependenzen[40]. Weil die wirtschaftlichen, gesellschaftlichen und sozialen Entwicklungsmöglichkeiten in diesem Raum von der Qualität der Organisation dieses Stadtsystems abhängig sind, hat auf die Planung in Frankreich die Idee wachsenden Einfluß gewonnen, daß erwünschte Entwicklungen in einem geographischen Raum unter Umständen Umstrukturierungen des Stadtsystems bedingen[41]. In diesem Sinne mußte auch die überlieferte individualistisch-planlos gewachsene Stadtstruktur neu überdacht werden[42]. Die im Vergleich zu ländlichen Gemeinden extreme Bevölkerungsdichte in Gegenden mit Stadtcharakter stellen nach alledem nur die oberflächlichen Ursachen dessen dar, was in Frankreich mit dem Schlagwort „Urbanisme" bezeichnet wird.

---

[35] *Gravier*, S. 152; siehe auch *Oellerich*, S. 238.
[36] *Lanversin*, Aménagement, S. 11; *Gravier*, S. 101 ff.; *Auby/Ducos-Ader*, Droit Administratif No 474.
[37] Vgl. *Monod/Castelbajac*, S. 72; *Trintignac*, S. 52; *Auby/Ducos-Ader*, Droit Administratif No 490 FN 1.
[38] Vgl. dazu *Trintignac*, S. 51 f.
[39] Vgl. *Monod/Castelbajac*, S. 72.
[40] Vgl. *Monod/Castelbajac*, S. 72; *von der Heide*, S. 772.
[41] Vgl. *Monod/Castelbajac*, S. 73.
[42] Vgl. *Lanversin*, Aménagement, S. 11.

b) Die geschilderten demographischen Entwicklungen Frankreichs sind im wesentlichen das Ergebnis der wirtschaftlichen Struktur des Landes. Die Wirtschaftslandschaft Frankreichs ist zunächst von der allgemein zu beobachtenden Tatsache geprägt, daß mit dem Zeitpunkt, in dem die Landwirtschaft ihre zentrale Bedeutung innerhalb der Gesamtwirtschaft verliert, diejenigen Wirtschaftsregionen eine vorrangige Stellung gewinnen, die über die jeweils bedeutsamen industriellen Rohstoffe verfügen oder zur Steuerung der Wirtschaft aufgrund ihrer Einrichtungen, Verkehrswege und dergleichen besonders prädestiniert sind: Seehäfen, Verkehrsknotenpunkte, politische Zentralen[43]. Dementsprechend läßt sich Frankreich bis in die 60iger Jahre hinein in eine östliche, verhältnismäßig stark industrialisierte und eine westliche, hauptsächlich landwirtschaftlich orientierte Hälfte teilen. Die Trennungslinie verläuft nach den Feststellungen des ersten Berichtes der nationalen „Raumordnungskommission" von Caen nach Marseille[44]. Der Anteil der landwirtschaftlich tätigen Bevölkerung beträgt 1950 nur noch 28 % gegenüber 1905 42,9 %[45]. 1968 beträgt der Anteil 15,7 %[46]. Hinzukommt, daß die bereits beschriebene historisch gewachsene Zentralisierung Frankreichs zu einer starken wirtschaftlichen Konzentration im Pariser Raum geführt hat. Um 1962 befanden sich beispielsweise 63 % der Arbeitsplätze in der Autoindustrie, 50 % in der Elektroindustrie im Pariser Raum, wobei die Forschungs- und Entwicklungsstätten hier zu 2/3 konzentriert sind. 72 % der industriellen Forscher arbeiteten 1963 in Paris, 11 % in der Region Rhone-Alpes und nur 17 % im übrigen Frankreich. Schließlich ist Paris auch Geschäftszentrum. So arbeitet 47 % des Personals der Banken und Versicherungen in Paris. Die Börse notierte 95 % der geschäftlichen Transaktionen und 64 % der Geschäftssitze befindet sich im Pariser Raum[47]. Daß ein solches Ballungszentrum die Bevölkerungsstruktur einer Industriegesellschaft tiefgreifend beeinflussen muß, bedarf keiner Erklärung. Neben der allgemeinen Umstrukturierung der Wirtschaftsregionen durch den Gewichtsverlust der Landwirtschaft und durch die Zentralisierung der Wirtschaft im Pariser Raum hat der Rückgang gewisser Industriezweige, vor allem der Baumwoll- und Textilindustrie und des Bergbaues Bevölkerungswanderungen und Arbeitsplatzumstrukturierungen bewirkt. Im Zeitraum von 1954 bis 1962 fallen 21,6 % der Arbeitsplätze im Bergbau weg. Besonders hart ist das Bassin von Calais betroffen, in dem 60 % im Bergbau beschäftigt

---

[43] *Monod/Castelbajac*, S. 20.
[44] *Monod/Castelbajac*, S. 26.
[45] *Monod/Castelbajac*, S. 24; zur Aufteilung nach Departements vgl. *Gravier*, S. 32 f.
[46] Vgl. die Angaben in: *Lage der Regionen*, S. 3.
[47] Vgl. *Gravier*, S. 154 ff.; *Monod/Castelbajac*, S. 32.

waren[48]. In der Textilindustrie liegt der Schrumpfungssatz bei 18 %[49]. In den nächsten 15 Jahren ist mit dem Verlust von 300 000 Arbeitsplätzen im Bergbau, in der Stahl- und Textilindustrie zu rechnen[50].

### 3. Ursachen in der Bindung Frankreichs an den Gemeinsamen Markt

Soweit die geschilderten Ursachen zu einer Neuordnung und Neuverplanung des Staatsgebietes führen, weist die Neuordnung auch Aspekte einer regionalen Wirtschafts- und Sozialpolitik auf[51]. Die Behauptung, daß Frankreich eine Regionalpolitik als Bedingung für den Erfolg des gemeinsamen Marktes führen müsse[52] ist sicher übertrieben und dieser Form wohl in Frankreich nicht akzeptiert worden[53]. Sie besitzt aber insofern eine Berechtigung, als die Mitgliedsstaaten den EWG-Vertrag auch in dem Bestreben geschlossen haben, „die Volkswirtschaften zu einigen und deren harmonische Entwicklung zu fördern, in dem sie den Abstand zwischen einzelnen Gebieten und den Rückstand weniger begünstigter Gebiete verringern"[54]. Ein Mitgliedsstaat, der seine Regionalpolitik mit dieser Bestrebung motiviert, verhält sich vertragskonform und trägt vor allem zu einer harmonischen Wirtschaftsentwicklung bei, die im gemeinsamen Markt noch weniger als anderswo auf einem nationalen Territorium allein erreicht werden kann[55]. Vor allem aber die räumliche Nähe zu den anderen Mitgliedsstaaten und deren Erfahrungen in der Regionalpolitik sowie das Bestreben, konkurrenzfähig zu bleiben, haben dazu beigetragen, daß man sich in Frankreich des europäischen Anstoßes der Maßnahmen zur Gebietserneuerung bewußt ist[56]. Dieser Anstoß konnte um so leichter aufgegriffen werden als er durch finanzielle Unterstützungsmaßnahmen der Gemeinschaften besonders für Frankreich attraktiv ist[57], das infolge seiner im Vergleich

---
[48] Vgl. *Gravier*, S. 37 und *Monod/Castelbajac*, S. 28.
[49] Vgl. *Gravier*, S. 45 und *Monod/Castelbajac*, S. 28.
[50] Vgl. die Angaben wie FN 46.
[51] *Storbeck*, Sp. 2621.
[52] So *Lajugie*, S. 298.
[53] Distanziert etwa: *Lanversin*, Aménagement, S. 12; *Auby/Ducos-Ader*, Droit Administratif No 474 FN 3.
[54] Präambel BGBl 1957 II 766.
[55] In diesem Sinne die Schlußfolgerungen der Conférence Européenne des pouvoirs locaux vom Oktober 1963 zit. bei *Lanversin*, S. 12.
[56] Vgl. zuletzt von offizieller Seite: *Delegationsbericht*, S. 24 ff.; in der Lit. z. B. *Lanversin*, Aménagement, S. 11 f. *Auby/Ducos-Ader*, Droit Administratif No 474.
[57] Über die verschiedenen Frankreich gewährten Unterstützungsmaßnahmen vgl. *2. Gesamtbericht* (1968) Rdn 350 ff., 362; *3. Gesamtbericht* (1969) Rdn 313; *4. Gesamtbericht* (1970) Rdn 115, 120 f.; *5. Gesamtbericht* (1971) Rdn 218 und Tabellen zu Rdn 219 ff.

### IV. Die Ursachen der französischen Neuordnungsmaßnahmen

zu den anderen Mitgliedsstaaten unausgeglichenen Ausnutzung des Staatsgebietes eine der Raumreserven des gemeinsamen Marktes darstellt[58].

---

[58] *Gravier*, S. 147.

## V. Das theoretische Konzept der Neuordnungsmaßnahmen

Die Maßnahmen zur Neuordnung des französischen Staatsgebietes sind eng mit einem theoretischen Konzept verbunden, daß sich in verschiedenen Schlüsselbegriffen niederschlägt. Eine knappe Erläuterung dieser Begriffe vor der Beschreibung der konkreten Neuordnungsmaßnahmen erscheint deshalb zweckmäßig.

### 1. Der Begriff des Aménagement du Territoire im französischen Selbstverständnis

Der Begriff des „Aménagement du Territoire" gehört zum politischen Vokabular Frankreichs. Er kann deshalb[1] nur schwer wissenschaftlich präzise definiert werden[2]. Die unterschiedlich akzentuierte Begriffsbildung, die zum Teil unklaren Zielsetzungen des Aménagement du Territoire werden letztlich damit zu erklären sein, daß man am Beginn der Politik des Aménagement du Territoire keine klaren Vorstellungen hatte, sondern der Praxis das endgültige Konzept überlassen wollte[3]. Immerhin lassen sich gewisse, nunmehr konstante Ziele und Absichten, die sich mit dieser Politik verbinden, herauskristallisieren. Das Ergebnis dieser Ziel- und Absichtsanalyse läßt sich knapp dahingehend zusammenfassen, daß über das Staatsgebiet nach bestimmten wirtschafts- und sozialpolitischen Ordnungsvorstellungen disponiert werden soll[4]. Damit wird zweierlei klargestellt. Es wird zunächst deutlich, daß der Ursprung der im Zuge des Aménagement du Territoire eingeleiteten Maßnahmen, seien sie strukturpolitischer oder administrativer Art, in einer geographisch bestimmten wirtschafts- und sozialpolitischen Konzeption zu suchen ist. Zum anderen wird der innere Zusammenhang mit einer Reform des Staatsgebietes und der Verwaltungsorganisation hervorgehoben. Der wirtschafts- und sozialpolitische Hintergrund der Idee vom Aménagement du Territoire tritt in offiziellen und wissenschaftlichen Kennzeichnungen unterschiedlich deutlich hervor: wenig klar beispielsweise in der Rede *de Gaulles* vom 14. 4. 1961, in der es heißt, es gehe um eine Neumodellierung der Struktur und des Gesichts Frank-

---

[1] *de Jouvenel*, S. 10.
[2] *Laubadère*, Tome II No 876; *Lanversin*, Aménagement, S. 7, 8.
[3] Vgl. *Lanversin*, Démocratie, S. 324.
[4] *Monod/Castelbajac*, S. 6, 7 ff.

## V. Das theoretische Konzept der Neuordnungsmaßnahmen

reichs[5]; etwas klarer in der jüngsten offiziellen Formulierung: „die Politik des Aménagement du Territoire zielt auf eine harmonische Entwicklung des Staatsgebietes ab; indem sie das politische und soziologische Erbe in Rechnung stellt, muß sie Lösungen für ein besonderes Problem finden, nämlich das konstante Ungleichgewicht zwischen der Entwicklung der Pariser Region und der der anderen Regionen[6]." In der bekannten wissenschaftlichen Definition *J. M. Roulins* schließlich wird am ehesten sichtbar, daß die Politik des Aménagement du Territoire als Entwicklungskonzept zu verstehen ist: Man kann das Aménagement du Territoire definieren als Wissenschaft oder Fertigkeit, die zum Gegenstand hat die Organisation und Aufteilung des regionalen oder nationalen Raumes für die verschiedenen menschlichen Aktivitäten unter Berücksichtigung der individuellen Bedürfnisse und der der Gemeinschaft[7]. Mit dem Entwicklungskonzept geht indirekt eine strukturelle Gesellschaftsreform Hand in Hand. Das hatte bereits der frühere Minister für Wiederaufbau und Urbanisme, *Claudius Petit*, 1950 in der Feststellung zum Ausdruck gebracht, daß das Aménagement du Territoire Untersuchungen bedinge, die nicht nur um wirtschaftlicher Ziele willen unternommen werden, sondern viel eher noch für das Wohlbefinden und die Entwicklung aller[8]. 1962 erklärte er, das Aménagement du Territoire sei in Wirklichkeit die Umgestaltung unserer Gesellschaft[9].

Schließlich verbinden sich mit dem Entwicklungskonzept verwaltungsorganisatorische Maßnahmen[10]. Das ist kein Zufall. Eine unter wirtschafts- und sozialpolitischen Gesichtspunkten vorgenommene Neuordnung wird auf die Dauer nur Bestand haben, wenn sie die eigentlichen Ursachen einer Wirtschaftskonzentration auf einen bestimmten Teil des Staatsgebietes erfaßt und beseitigt. Zu diesen Ursachen gehört in Frankreich mit Sicherheit die Zentralisierung der politischen Macht[11]. Im übrigen wird man sich auch in Frankreich nicht mehr der Einsicht verschließen können, daß die Probleme bestimmter Gebietsteile nicht mit denen des Gesamtgebietes identisch sein müssen. Diese Einsicht wird durch die Betrachtung ökonomischer und sozialer Probleme eher gefördert[12] als durch allgemeine Erwägungen[13].

---

[5] Zit. bei *Lanversin*, Aménagement, S. 8 und bei *Auby/Ducos-Ader*, Droit Administratif vor No 473 FN 1.
[6] *Delegationsbericht*, S. 5.
[7] Zit. bei *Lanversin*, Aménagement, S. 8 — dort wie bei *Auby/Ducos-Ader* vor No 473 FN 1 leicht abweichende Kennzeichnungen.
[8] Zit. bei *Trintignac*, S. 181.
[9] Zit. bei *Massé*, S. 106.
[10] Vgl. *Lanversin*, Aménagement, S. 40; *Ernst*, S. 168 f.; *W. Weber*, Gebietsreform Sp. 3634 ff.; *Isbary*, S. 59 ff.
[11] *Monod/Castelbajac*, S. 44.
[12] *Monod/Castelbajac*, S. 44.
[13] Zu diesen allgemeinen Erwägungen *Monod/Castelbajac*, S. 41 ff.

Ein in diesem Sinne umfassendes Verständnis von der Idee des Aménagement du Territoire ist Äußerungen in offiziellen Dokumenten selten ausdrücklich zu entnehmen. In ihnen heißt es vielmehr typischerweise unter starker Betonung der wirtschaftlichen Zielsetzung: „Weiter betrieben werden auch in Zukunft die Maßnahmen, die schon seit 8 Jahren die Basis der Politik des Aménagement du Territoire bilden: nämlich wirtschaftliche Dezentralisierung, Erneuerung des ländlichen Bereichs, Ausbau des Tourismus, Konzepte für die Infrastruktur"[14]. Die der Politik des Aménagement du Territoire inhärente Tendenz zur Gesellschaftsreform läßt sich aber aus Art und Umfang der noch zu beschreibenden Maßnahmen erschließen. Wenn in Frankreich in offiziellen Dokumenten die gesellschaftspolitischen Komponente der Planung nicht immer deutlich hervortritt, so liegt dies daran, daß in Frankreich die unausgeglichene Wirtschaftsstruktur einer der Hauptanlässe des Aménagement du Territoire war. Dennoch wäre es unzutreffend, im Aménagement du Territoire bloß eine Wirtschafts- und Strukturpolitik zu sehen. Wirtschafts- und Strukturpolitiken sind in jedem Falle spezielle Ausprägungen eines gesellschaftspolitischen Konzepts[15].

## 2. Die Planification

Die Beziehungen zwischen dem Aménagement du Territoire und der Planification sind eng. Gemeinsam ist nicht nur der ökonomische Ursprung[16], sondern auch die Zielsetzung. Es geht letztlich jeweils um eine wirtschaftspolitisch motivierte Neuordnung der französischen Gesellschaft. Das zeigt sich einmal daran, daß die bisher 6 Nationalpläne wie das Aménagement du Territoire wirtschaftspolitische Zielsetzungen haben[17] und seit dem 4. Plan (1962—1965) das Aménagement du Territoire in die nationalen Pläne in einem besonderen Kapitel eingegliedert ist[18].

Die Verbindung, wie sie seit dem 4. Nationalplan besteht, läßt sich nicht nur mit der gemeinsamen wirtschaftspolitischen Zielsetzung erklären. Sie beruht vielmehr auf einer Erkenntnis, die sich vor dem 4. Plan nur zögernd durchgesetzt hatte, nämlich daß ein zentraler Wirtschaftsplan nicht ohne Regionalisierung auskommt, wenn er auf die Dauer erfolgreich sein soll[19]. In dem Maße, in dem sich diese Erkenntnis

---

[14] *Delegationsbericht*, S. 5.
[15] Vgl. *Badura*, S. 247 ff.; ferner *Klatt*, Sp. 3762 f.; *Niemeier*, Landesplanung, S. 143.
[16] *Auby/Ducos-Ader*, Droit Administratif No 472.
[17] *Massé*, S. 146 ff.; *Houin*, S. 152 f.
[18] *Laubadère*, Tome II No 889; *Massé*, S. 156; *Auby/Ducos-Ader*, Droit Administratif No 480.
[19] Dazu *Quermonne*, S. 90 ff., insbes. 94 f.

## V. Das theoretische Konzept der Neuordnungsmaßnahmen

durchsetzte, gewann die geographische Einheit, der konkrete Raum als Bezugsrahmen der Planung eine zentrale Bedeutung. Der Raum wurde nicht mehr wie früher gleichsam abstrakt — global[20] und vorwiegend unter zeitlichen Aspekten in den Nationalplänen betrachtet, sondern als konkretes Planungsgebiet. Der Mensch und seine jeweiligen Aktivitäten rückten in ihrer konkreten Raumbezogenheit in den Vordergrund. Die vorwiegend zeitliche Planung, wie sie in der Planification zu Tage tritt, wurde durch eine konkrete raumbezogene Planung das aménagement du territoire ergänzt[21]. So erklärt sich auch Artikel 1 des Dekrets Nr. 63—113 vom 14. 2. 1963, wonach das Generalkommissariat für den Ausrüstungs- und Produktivitätsplan mit Studien beauftragt wird, die die Konzeption des Aménagement du Territoire betreffen und wonach die Studienergebnisse in die Entwicklungspläne integriert werden sollen[22].

Hierher gehört auch die seit 1964 vorgenommene Regionalisierung des Budgets. Sie wird als Konsequenz der Regionalisierung des Planes betrachtet und besteht darin, auch in der Präsentation des Budgets die Raumbezogenheit der Finanzmaßnahmen zum Ausdruck zu bringen. Die übliche sektorielle Präsentation des Budgets wird dadurch ergänzt, daß in einem Budget-Annex die Finanzmittel der einzelnen Ministerien unter räumlichen (nämlich regionalen) Gesichtspunkten zusammengefaßt dargestellt werden[23].

So spricht alles dafür, sowohl das Aménagement du Territoire als auch die Planification als Planungsformen zu betrachten, mit dem Unterschied, daß das Aménagement du Territoire eine vorwiegend raumbezogene, die Planification eine mehr allgemein zeitliche Projektion darstellen[24].

Für die Regionalpläne und ihre Beziehungen zum Aménagement du Territoire läßt sich der Beweis, daß es sich in beiden Fällen um Planung handelt, noch schlagender führen: seit dem Dekret vom 31. Dezember 1958 sind die ursprünglich selbständigen regionalen Aktionsprogramme

---

[20] Es ist bezeichnend, daß der 1962 geschaffene Plan National de L'Aménagement du Territoire, der eine 20-Jahresprojektion darstellte, keinen nennenswerten Einfluß hatte — offenbar, weil er allzu wenig auf Entwicklungen in konkreten Räumen abstellte: vgl. *Auby/Ducos-Ader*, Droit Administratif No 480.

[21] Vgl. *Laubadère*, Tome II No 881; ferner *Auby/Ducos-Ader*, Droit Administratif No 480; *Massé* in seiner Erklärung vom 6. 3. 1963 zit. in: *Documentation*, S. 38; *Pouyet*, S. 145.

[22] Abgedr. in: *Documentation*, S. 39; vgl. auch *Auby/Ducos-Ader*, Droit Administratif No 480.

[23] *Laubadère*, Tome III 2e Volume No 886; für die BRD *Jacob*, S. 679; *Schefer*, S. 101; *Müller*, S. 32.

[24] *Laubadère*, Tome II No 881; kritisch jedoch *Auby/Ducos-Ader*, Droit Administratif No 480.

und die regionalen Pläne des Aménagement zu einer einzigen Planung zusammengefaßt worden. Sie nennen sich Regionalpläne für die wirtschaftliche und soziale Entwicklung und für Raumordnung[25].

### 3. Der Regionalismus

Eine zentrale Stellung in den Maßnahmen zur Neuordnung des französischen Staatsgebietes nimmt der schon erwähnte Gedanke des Regionalismus ein. Als *politisches* Konzept der Neuorganisation des Staates ist er schon im 19. Jahrhundert vorgetragen worden und zwar sowohl von den Rechten *Charles Maurras* und *Maurice Barrès* Ende der 90iger Jahre des vorigen Jahrhunderts[26] sowie von *Proudhon* 1863 in seiner Schrift „Principe Fédératif"[27]. Politischer Regionalismus äußerte sich ausgehend von der als künstlich und unbefriedigend empfundenen Departementorganisation in dreifacher Weise: Es ging ihm um eine Wiederbelebung der Tradition der alten Provinzen, um eine Garantie der lokalen Freiheiten durch ein geeignetes Statut und um eine echte Selbstverwaltung auf lokaler und regionaler Ebene als Gegengewicht der Zentralisation[28]. Aber auch als *ökonomisches* Konzept läßt sich der Regionalismus lange zurück verfolgen. *Goureau* bemerkt in diesem Zusammenhang, der wirtschaftliche Regionalismus habe seine Blütezeit unter Heinrich IV. erlebt. Sein Verfall falle mit der zunehmenden politischen Zentralisierung zusammen[29]. In der Tat spielen die Departements als Einheiten, die eine Wirtschaftspolitik für ihren Bereich selbst konzipieren und realisieren, nur eine bescheidene Rolle[30]. Schon 1913 will das dem Parlament vorgelegte Projekt von *Jean Hennessy* die Departements ersetzen zugunsten einer Verwaltungsdezentralisierung durch eine Repräsentation der ökonomischen Interessen, eine Bildung von Regionen und die Wahl von Regionalversammlungen[31]. Ähnliche Projekte schlug *Hennessy* auch in den 20iger Jahren, ebenso wie *Charles Brun* und die „Regionale Förderation" mehrfach, wenn auch ohne Erfolg vor[32]. Interessant ist an diesen Vorschlägen die Tendenz zur Schaf-

---

[25] Vgl. *Laubadère*, Tome II No 890; *Auby/Ducos-Ader*, Droit Administratif No 480.
[26] In: Les Trois Idées Politiques; — speziell zu Maurras *Glum*, S. 92. — Zum folgenden auch die instruktive Zusammenstellung charakteristischer Belegstellen des französischen Regionaldenkens bei *Brongniart*, S. 40—58; ferner von *Hippel*, S. 76 ff.
[27] *Quermonne*, S. 87 f.; *Monod/Castelbajac*, S. 40.
[28] *Quermonne*, S. 87; *Detton*, S. 49 f.; ferner *Brongniart*, S. 26 f.
[29] *Goureau*, S. 257.
[30] *Laubadère*, Tome III 2e Volume No 798.
[31] *Berthélemy*, S. 207 FN 1.
[32] *Berthélemy*, S. 207; *Auby/Ducos-Ader*, Institutions No 45 sub 2.

## V. Das theoretische Konzept der Neuordnungsmaßnahmen

fung einer Wirtschaftsdemokratie[33]. Im Bericht über die gegenwärtige Regionalisierung Frankreichs wird diese Tendenz weiter zu verfolgen sein[34]. Nach dem 2. Weltkrieg ist das ökonomische Konzept des Regionalismus stark in den Vordergrund getreten, vor allem durch die schon erwähnte Erkenntnis, daß eine wirtschaftspolitische Neuordnung des französischen Staatsgebietes eine über die Departementgrenzen hinausreichende Regionalisierung bedingt. Die politischen Implikationen des Regionalismus wurden zurückgedrängt[35], sicherlich nicht zuletzt deshalb, weil in Frankreich traditioneller Weise in einem politischen Regionalismus die Gefahr eines die nationale Einheit zerstörenden Föderalismus gesehen wird[36] und diese Gefahr bei einem von ökonomischen Sachzwängen diktierten Regionalismus zunächst viel weniger präsent ist. Das Zögern der politischen Parteien, sich für einen politischen Regionalismus einzusetzen, dürfte auf denselben Erwägungen beruhen[37]. Charakteristisch formuliert *Michel Debré*: „Schafft man großräumige Regionen, die von der Zentralgewalt weitgehend unabhängig sind — bedeutet das nicht ein integriertes Europa zu schaffen, in dem die Idee Frankreichs nur noch einen folkloristischen Charakter hat, weil die Nation desintegriert wird?[38]" Nun läßt sich eine Regionalisierung des Staatsgebietes als rein ökonomisches Konzept, das im wesentlichen die Wirtschaftsexperten und Planungsfachleute angeht, auf die Dauer nicht halten. Die schon geschilderten gesellschaftspolitischen Implikationen einer Regionalplanung wie sie in Frankreich betrieben wird, werden im Laufe der Zeit zu stark, als daß sie nicht auf eine gewisse Partizipation der von der Planung betroffenen drängen[39]. Auf diesem Hintergrund ist die Frage, ob die Region bloß geographisch-ökonomische Planungseinheit oder auch eine dezentralisierte Verwaltungseinheit sein soll[40], zu begreifen, sowie das weitere Problem, in welchem Verhältnis die Region zur bestehenden Verwaltungsorganisation steht: Soll sie die Departements ersetzen und aus einem gewählten Regionalrat sowie einem vom Staat ernannten Beamten als Exekutivorgan bestehen? Soll der Regionalgedanke in einer flächenmäßigen Vergrößerung der bestehenden Departements, die auf rund die Hälfte reduziert werden, aufgehen oder soll schließlich die Region eine zusätzliche Verwaltungsebene neben den Departements bilden[41]? Entscheidet man sich für die

---
[33] *Berthélemy*, S. 207.
[34] Dazu unten S. 56 ff.
[35] *Quermonne*, S. 88 f.
[36] *Trintignac*, S. 210; *Servan-Schreiber*, S. 34 f.
[37] *Monod/Castelbajac*, S. 40.
[38] *Debré*, S. 237; dazu *Quermonne*, S. 108.
[39] Dazu *Quermonne*, S. 102 ff.
[40] Dazu *Becker-Marx*, S. 328 ff.; *Boustedt*, S. 791 ff.; *von der Heide*, S. 774 ff.
[41] *Auby/Ducos-Ader*, Institutions No 45 sub 2; *Hamaoui*, S. 18.

Bildung von Regionen — gleich ob administrativer oder ökonomischplanender Art, so entsteht das weitere schwierige Problem, nach welchen Kriterien die Regionen abgegrenzt werden sollen. Denn es ist klar, daß es bei der Feststellung *Quermonnes*, die Region sei ursprünglich mehr ein Planungsrahmen denn mit bestimmten Inhalten verbunden gewesen[42], nicht bleiben kann. Diesen Rahmen dadurch auszufüllen, daß man an die alten Provinzen des Ancien Régime anknüpft, kann bei einer rein planerisch-ökonomischen Konzeption der Region nicht in Betracht kommen, weil die industrielle Revolution die ökonomische Signifikanz der alten Provinzen weitgehend verändert hat. Andererseits ist das Bewußtsein, Bretone oder Elsässer zu sein, nach wie vor in Frankreich eine Realität. Der Erfolg einer Regionalisierung, der nicht von der Mitwirkung der Betroffenen zu lösen ist, hängt deshalb auch davon ab, daß auf das Zusammengehörigkeitsgefühl beispielsweise der Elsässer und Bretonen bei einer Regionalisierung Rücksicht genommen wird. Unter diesem Aspekt wird sich eine Regionalbildung von den alten Provinzen nicht ganz lösen können[43]. Hier zeigt sich erneut die politische Implikation einer Regionalisierung. In diesem Zusammenhang aufschlußreich ist eine Bemerkung *Saint Geours*, wonach den relativ einfach zu bestimmenden Regionen des Elsaß und der Bretagne weite und vage Regionen des Südwesten und Zentralfrankreichs gegenüberstehen würden. Daher rühre die Versuchung, der Regionenbildung Verwaltungsgrenzen ohne jede wirtschaftliche Bedeutung zugrundezulegen oder Raumeinheiten ohne präzise Grenzen mit Regionalelementen anzufüllen[44].

Die spezifisch-ökonomischen und politischen Implikationen einer Regionalbildung berücksichtigt die Regioneneinteilung des nationalen Instituts für Statistik und Wirtschaftsstudien aus dem Jahre 1947 zu wenig. Das Institut hatte seinerzeit Frankreich in 500 Regionen aufgeteilt, denen jeweils die Gesamtheit der Faktoren zugrunde lag, welche die besondere Physiognomie eines Gebietes ausmachen. Die Regionen wurden nicht nach einem nur teilweisen gültigen Kriterium (etwa der räumlichen Verbreitung der Agrarwirtschaft[45]) gebildet; vielmehr sollten die Regionen einen der Gesamtwirklichkeit möglichst entsprechendes Bild vermitteln (sog. wahre Regionen[46]). Die umfassende Fragestellung

---

[42] *Quermonne*, S. 103; zum folgenden instruktives Kartenmaterial, aus dem sich die vorgeschlagene Regioneneinteilung ergibt, bei *Brongniart*, S. 59—62.

[43] Dazu *Monod/Castelbajac*, S. 51; — für ähnliche Probleme in der BRD *Wagener*, Entwicklungsplanung, S. 95 ff.

[44] S. 133.

[45] So ein in Frankreich für statistische Zwecke unternommener Versuch, régions agricoles zu bilden: vgl. *Lange*, Sp. 2709.

[46] Dazu *Lange*, Sp. 2705 ff.

V. Das theoretische Konzept der Neuordnungsmaßnahmen   33

machte diese Regioneneinteilung für eine wirtschafts- und gesellschaftspolitisch bestimmte Neuordnung weitgehend ungeeignet. Auf Schwierigkeiten stößt auch der von französischen Theoretikern des Regionalismus wiederholt gemachte Vorschlag, die Regionen um größere Städte, die Wirtschaftszentren bilden, zu legen[47], weil Frankreich nur wenige große Städte aufweist, folglich nur wenige Regionen entstehen und das erstrebte Ziel einer jedenfalls wirtschaftlichen Dezentralisation nur teilweise erreicht würde[48].

Diese wenigen Bemerkungen mögen genügen, um darzutun, daß eine Regionenbildung in Frankreich, sei sie homogener, funktionaler oder komplexer Art[49] praktisch erhebliche Schwierigkeiten mit sich bringt. Es wird sich zeigen, für welche der aufgezeigten Optionen die französische Regionalreform sich entschieden hat.

### 4. Der Urbanisme

Vom Urbanisme ist schon bei der Erörterung der Ursachen für die Neuordnung des französischen Staatsgebietes die Rede gewesen[50]. Soweit der Urbanisme darauf abzielt, das Territorium städtischer Gemeinden zu sanieren, ist er nur im weiteren Sinne eine Neuordnungsmaßnahme und bleibt im folgenden ganz außer Betracht[51]. Soweit er, ausgehend von der Erwägung, daß die Leistungskraft einer einzelnen Gemeinde nicht ausreicht, um die schon geschilderten demographischen und ökonomischen Ursachen aufzufangen, die Bildung räumlicher interkommunaler Organisationen in seine Zielsetzung einbezieht, bzw. dafür ausnutzt[52], kann man den Urbanisme als Politik der Neuordnung des Staatsgebietes verstehen, die in den vorliegenden Bericht gehört. Unter diesem Blickwinkel muß auch die in den letzten Jahren verstärkt betriebene Kommunalreform in die Beschreibung der Neuordnungsmaßnahmen einbezogen werden.

---

[47] *Auby/Ducos-Ader*, Institutions No 45; *Monod/Castelbajac*, S. 49 f.
[48] *Monod/Castelbajac*, S. 50.
[49] Vgl. *Lange*, Sp. 2705 f.
[50] Vgl. oben S. 21 ff.
[51] Vgl. *Laubadère*, Tome II No 878.
[52] *Auby/Ducos-Ader*, Droit Administratif No 494.

## VI. Die Politik des Aménagement du Territoire

Die Politik des aménagement du territoire besteht aus 6 Schwerpunktprogrammen.

### 1. Die industrielle Dezentralisation

Einen hervorragenden Platz in der Gesamtplanung nimmt seit jeher die industrielle Dezentralisation ein (vergleichbar § 2 Abs. 1 Nr. 1 Abs. 1 Bundesraumordnungsgesetz). Sie wird, was in diesem Zusammenhang unschädlich ist, weil keine sachlichen Unterschiede gemeint sind, sowohl als Politik der Dezentralisierung als auch der Dekonzentration bezeichnet[1]. Sie soll durch ein Bündel von Maßnahmen, die als sinnvolles Ganzes verstanden werden wollen, realisiert werden. Diese Maßnahmen lassen sich in solche, die eine Restriktion der Industrieansiedlung im Pariser Raum bezwecken und solche, die Anreize zur Industrieansiedlung in der Provinz schaffen sollen, einteilen[2].

a) Die Restriktionsmaßnahmen sind, wie der Delegationsbericht selbst feststellt[3], das stärkste Mittel, die Dezentralisierung zu erzwingen. Der Unternehmer, der im Pariser Raum ein Industriebauvorhaben auf einer Fläche von wenigstens 1500 qm durchführen will, muß eine Bewilligung der Planungsbehörden — agrément genannt — erlangen, und muß außerdem besondere finanzielle Abgaben leisten[4]. Im einzelnen geht es dabei um folgendes. Das agrément gehört zu den Instrumentarien des Staates, mittels derer er den Wirtschaftsablauf steuert. Es ist ein Verwaltungsakt, der im Falle der Erteilung die ihm unterworfenen wirtschaftlichen Aktivitäten erst zulässig macht[5]. Jedenfalls dann, wenn das agrément Einfluß auf die Standortwahl eines Betriebes nimmt, setzt seine Handhabung bei der Verwaltung ein hohes Maß an wirtschaftlicher Sachkenntnis voraus. Die Gefahr einer Fehlentscheidung mit weitreichenden Folgen für das Unternehmen ist nicht von der

---

[1] *Delegationsbericht*, S. 5.
[2] Dazu unter marktwirtschaftlichen Aspekten *Egner*, S. 697 ff.; zuletzt *Geisenberger*, S. 148 ff.
[3] *Delegationsbericht*, S. 20.
[4] *Delegationsbericht*, S. 30; vgl. auch *Laubadère*, Tome II No 894.
[5] *Auby/Ducos-Ader*, Institutions, No 187 sub c; es ist vom steuerlichen agrément, das zur Erlangung steuerlicher Vorteile notwendig ist, zu unterscheiden: dazu *Geiger*, S. 90 ff.

## VI. Die Politik des Aménagement du Territoire

Hand zu weisen. Nicht zuletzt daraus erklärt sich, daß die Planungsbehörden in Frankreich es vorziehen, die Industrieansiedlung im Pariser Raum eher im Verhandlungswege mit dem Betroffenen zu regeln, als durch die einseitige Verwaltungsentscheidung agrément[6]. Insofern kann man mit *Ipsen*[7] von einem Planungsvertrag sprechen. Außerdem hat man die Industrieansiedlung im Gebiet Lyon, die von 1966 bis 1970 denselben Beschränkungen unterlag wie im Pariser Raum, inzwischen wieder freigegeben[8]. Schließlich wird dem agrément einiges von seiner Schärfe — und Wirksamkeit — dadurch genommen, daß es im Pariser Raum erteilt werden kann, wenn das Unternehmen zugleich in der Provinz eine neue Produktionseinheit errichtet[9]. Will man das agrément mit dem deutschen Planungsinstrumentarium vergleichen, so bietet sich der planerische Widerspruch im Sinne des § 7 Bundesraumordnungsgesetz bzw. der Landesplanungsgesetze an. Der bundesrechtliche Widerspruch hat jedoch im scharfen Unterschied zum französischen Recht nur verwaltungsinterne Bedeutung und kann die Zulässigkeit eines Bauvorhabens nicht beeinflussen[10]. Aus raumordnerischen Gründen kann eine Bauerlaubnis nur versagt werden, soweit die Baugenehmigungsbehörden unbestimmte Rechtsbegriffe bei ihrer Entscheidung über die Bauerlaubnis konkretisieren — so bei Bauten im Außenbereich nach § 35 Bundesbaugesetz[11]. Im übrigen wirkt das Raumordnungsrecht nur indirekt auf die Erlaubnis ein, nämlich so weit es über § 1 Abs. 3 Bundesbaugesetz zum Inhalt eines Bebauungsplanes geworden ist. Weitergehende Versuche des Landesrechts — so § 18 Landesplanungsgesetz von Nordrhein-Westfalen, der zur Sicherung der Planung in Verbindung mit einer Veränderungssperre eine Anweisung an die Baugenehmigungsbehörde vorsieht, wonach die Entscheidung über die Bauerlaubnis bis zu einem Jahr auszusetzen ist, verstoßen gegen Bundesrecht und sind damit unwirksam[12]. Hier zeigt sich deutlich der Unterschied zwischen der deutschen und französischen Planung. Während die Raumplanung in der Bundesrepublik (noch)[13] eine Auffangplanung ist, deren Durchsetzung weitgehend den öffentlichen und privaten Stellen über-

---

[6] *Monod/Castelbajac*, S. 62; die Zahlenangaben im *Delegationsbericht*, S. 29 belegen deutlich die Vorliebe für vertragliche Lösungen: in der Tabelle ist nur von ‚accord‘, ‚abandon‘, ‚compensation‘ und ‚refus‘ die Rede.
[7] *Ipsen*, Rechtsfragen, S. 87 ff.; kritisch aus linker Sicht: *Fangmann*, S. 7 ff.; vgl. neuerdings auch *Geiger*, S. 102 ff.
[8] Vgl. *Dezentralisierung*, S. 4.
[9] *Monod/Castelbajac*, S. 62; *Delegationsbericht*, S. 30.
[10] Vgl. *Zinkahn/Bielenberg*, Rdn 3 zu § 7.
[11] *Zinkahn/Bielenberg*, RdNr. 3 zu § 7.
[12] *Zinkahn/Bielenberg*, RdNr. 7 b zu § 7.
[13] Über Ansätze einer aktiveren Raumplanung im Landesrecht *Friauf*, Raumordnung, S. 457; *Hüfner*, S. 205 ff.; vgl. auch oben S. 1 ff.

lassen ist, so daß man von einem passiven Leitbild der Raumplanung sprechen konnte[14], bindet in Frankreich die Planung auch den einzelnen unmittelbar und beschränkt ihn in seinen Rechten. Das agrément kommt im Ergebnis einem Bauverbot gleich. Daran ändert selbstverständlich auch die im Delegationsbericht erwähnte Möglichkeit nichts, wonach der Bauwillige sein Vorhaben der Planung anpassen oder seine bestehenden Bauten rentabler ausnutzen kann, so daß er auf ein agrément nicht angewiesen ist[15]. Erst recht gilt dies für die Auffassung, der Bauwillige könne mit den Planungsbehörden Kontakt aufnehmen und sich über die finanziell günstigen Aussichten einer Ansiedlung in Entwicklungsgebieten informieren und dann von einem Baugesuch im Pariser Raum Abstand nehmen[16].

Das agrément ist, wie bereits angedeutet, nicht die einzige Restriktionsmaßnahme für Bauwillige im Pariser Raum. Wer die Erlaubnis zur Industrieansiedlung erhält, muß eine Sonderabgabe leisten, deren Höhe mit der Entfernung des Bauvorhabens zum Stadtzentrum schwankt: In der Stadt selbst und unmittelbar an der Stadtgrenze beträgt sie zur Zeit maximal 200 FF pro qm bebauten Raumes[17]. Die Abgabe soll die Kosten, die der öffentlichen Hand durch die Industrieansiedlung in sanierten Gebieten entstehen, mindern[18]. Sie besitzt insofern eine gewisse Verwandtschaft mit den im § 10 des Einführungsgesetzes zum Realsteuergesetz vorgesehenen Grundsteuermehrbelastungen und mit den in den Kommunalabgabengesetzen (z. B. § 9 KAG NRW) vorgesehenen Abgaben, die an Sonderbelastungen der öffentlichen Hand anknüpfen. Das Aufkommen der Sonderabgaben fließt zur Hälfte der Pariser Region, zur Hälfte der Provinz zu[19].

b) Die positiven Maßnahmen, mittels derer eine industrielle Dezentralisation erreicht werden soll, sind vorwiegend finanzpolitischer Art[20]. Auf sie trifft deshalb *Friaufs* Feststellung zu: der zunehmende Einsatz finanzpolitischer Mittel für wirtschaftspolitische Zwecke habe das staatliche Finanzwesen immer stärker in eine Komplementär- oder gar Ersatzfunktion des Rechts hineinwachsen lassen[21].

aa) Zu erwähnen sind in diesem Zusammenhang einmal die Ausrüstungsprämien und Darlehen. 1970 erhielten 311 Antragsteller Aus-

---

[14] *Friauf*, Raumordnung, S. 458.
[15] *Delegationsbericht*, S. 30.
[16] *Delegationsbericht*, S. 30.
[17] *Monod/Castelbajac*, S. 61, 70.
[18] *Delegationsbericht*, S. 30, *Monod/Castelbajac*, S. 61, 70.
[19] *Delegationsbericht*, S. 30.
[20] Dazu *Auby/Ducos-Ader*, Droit Administratif No 487.
[21] VVDStRL, S. 10 f. mit Nachw.

rüstungsprämien im Gesamtwert von über 400 Mill. FF und Darlehen von über 144 Mill. FF[22]. Bei den Prämien, die je nach wirtschaftlichem Programmgebiet 12—25 % des Betrages der neuen Investitionen betragen, wird zwischen Entwicklungsprämien (Vorhaben in Entwicklungsgebieten) und Anpassungsprämien (Vorhaben in industriellen Sanierungsgebieten) unterschieden[23]. Die Prämien für industrielle Sanierungsgebiete betragen in der Regel die Hälfte der Prämien für industrielle Entwicklungsgebiete[24]. Der Zinssatz für die Darlehen, die der Fonds für wirtschaftliche und soziale Entwicklung vergibt, betrug Mitte 1971 6,75 % — das waren 2 Punkte unter dem Marktzins[25]. Außerdem werden Steuervergünstigungen gewährt. 1970 betrug in 273 Fällen die Grunderwerbssteuer nur 1,4 % statt 13 %. In 771 Fällen wurde die Gewerbesteuer auf 5 Jahre erlassen[26]. Ferner wurden in 246 Fällen Abschreibungen im ersten Jahr in Höhe von 25 % des Selbstkostenpreises der Neuinvestitionen gestattet[27].

bb) Anreize zur Ansiedlung in der Provinz können von Finanzhilfen der öffentlichen Hand nur ausgehen, wenn sich die Finanzhilfen mit einer wirtschaftspolitisch motivierten geographischen Orientierung der interessierten Betriebe verbindet. In diesem Sinne sind die Schaffung von Industrialisierungszonen, ihre Finanzierung und geographische Aufteilung notwendige Begleitmaßnahmen der Finanzhilfe[28]. Zur Zeit gibt es 21 Programmgebiete (régions de programme), von denen jedes mehrere „Programme" umfaßt[29] und weitgehend finanzielle Hilfe erhält, sei es budgetärer Art, sei es durch Anleihen (Kredite) besonderer, im wesentlichen zum Zwecke der Raumordnung geschaffener Fonds[30]. Auf diese Programm-Regionen wird bei der Darstellung neuer Formen der Verwaltungsorganisationen zurückzukommen sein. Schließlich ist in diesem Zusammenhang die 1955 erfolgte Schaffung der privatrechtlich organisierten, aber unter Staatsaufsicht stehenden Gesellschaften für regionale Entwicklung zu erwähnen. Sie haben die Aufgabe, vorwiegend den kleinen und mittleren Unternehmen für die Industrialisierung (langfristige) Kredite und Sicherheiten zur Verfügung zu stellen, die

---

[22] Vgl. die Angaben im *Delegationsbericht*, S. 32; ferner *Lanversin*, Aménagement, S. 158 ff.; neuerdings *Geiger*, S. 60 f.
[23] Vgl. *Dezentralisierung*, S. 4; Einzelangaben im *Delegationsbericht*, S. 30 f.; *Monod/Castelbajac*, S. 64.
[24] *Monod/Castelbajac*, S. 64.
[25] *Monod/Castelbajac*, S. 64.
[26] *Delegationsbericht*, S. 31 und *Monod/Castelbajac*, S. 64.
[27] *Delegationsbericht*, S. 31 und *Monod/Castelbajac*, S. 64.
[28] *Monod/Castelbajac*, S. 64.
[29] *Dezentralisierung*, S. 4.
[30] *Delegationsbericht*, S. 39.

diese Unternehmen infolge der Bankenkonzentration in Paris nur in Paris erlangen könnten, dort aber nicht erlangen können, weil die großen Banken an ihnen kaum interessiert sind[31].

c) Die Effizienz der geschilderten Maßnahme spiegelt sich in den industriellen Investitionen (über 500 qm bebauter Raum) in der Zeit von 1954—1969. In der Pariser Region fiel die Zahl der Investitionen von 1954 = 33 %, 1960 = 18 % auf 1969 = 10 %. Im Osten Frankreichs betragen die Vergleichszahlen 1954 = 45 %, 1960 = 52 %, 1969 = 53 %. Im Westen betrugen die Zahlen 1954 = 22 %, 1960 = 30 %, 1969 = 37 %[32]. Nach Industriezweigen aufgegliedert, waren an der Dezentralisierung am stärksten beteiligt: die Automobilindustrie, die Elektroindustrie, Elektronik, Maschinenbau, Konfektion, pharmazeutische Laboratorien, kunststoffverarbeitende Industrien[33]. Ein zutreffendes Bild der Wirksamkeit der Dezentralisierungsmaßnahmen gewinnt man freilich erst, wenn man berücksichtigt, daß in der ersten Etappe, vor allem während der 50iger Jahre, 60 % aller industriellen Dezentralisierungen in einem Umkreis von ca. 200 km von Paris zu verzeichnen sind[34]. Die Gründe sind einsichtig. Die Unternehmer, die im Pariser Raum angesiedelt sind und in die Provinz gehen sollen, verfügen in Paris über ausreichend qualifiziertes Personal. Sie können aus dort vorhandenen Ausbildungsstätten ihr Personal ergänzen. Sie verfügen über gute Kontakte zu Zuliefererfirmen und Kunden. In der Provinz glauben sie, daß diese Bedingungen nicht erfüllt sind, zögern deshalb in größerer Entfernung von Paris zu investieren[35]. Wenn inzwischen eine effizientere Dezentralisierung auch außerhalb der 200-km-Zone zu verzeichnen ist, so nicht nur, weil die Befürchtungen der Unternehmer zum Teil auf Vorurteilen beruht haben, sondern auch, weil die Unternehmen inzwischen eingesehen haben, daß in den Entwicklungszonen der Provinz noch starke Arbeitskraftreservoires zur Verfügung stehen: vor allem in den noch landwirtschaftlich orientierten Gebieten und in Gebieten, deren Hauptaktivitäten sich zu wandeln begonnen haben[36]. Von ihnen war bereits die Rede[37]. In diesem Zusammenhang wird man auch die Politik der Beseitigung von Engpässen auf den Arbeitsmarkt bringen können. Der Delegationsbericht bringt ihn folgendermaßen zum Ausdruck: die Berufsausbildung werde mehr und mehr zu einem der fundamentalen Instrumente der Planung. Die Maßnahmen (Einrichtung von

---

[31] Monod/Castelbajac, S. 65; neuerdings Geiger, S. 52 f.
[32] Monod/Castelbajac, S. 68.
[33] Dezentralisierung, S. 5.
[34] Monod/Castelbajac, S. 67; Dezentralisierung, S. 5.
[35] Monod/Castelbajac, S. 66 f.
[36] Monod/Castelbajac, S. 67.
[37] Vgl. oben S. 23 f.

Ausbildungsstätten in der Provinz, Ausbildungsförderungsgesetz[38]) begleiten punktuell die Industrieansiedlung oder korrigieren eine sektorbedingte Entwicklung. Global zielen sie auf eine Kohärenz zwischen regionaler bzw. interregionaler Wirtschaftsentwicklung und voraussichtlichem Arbeitsplatzbedarf unter Anpassung des Ausbildungsapparats[39].

### 2. Die Dezentralisierung des Dienstleistungssektors

Die industrielle Dezentralisierung führt nicht notwendig, wie man anfänglich in Frankreich glaubte, zu einer vollständigen wirtschaftlichen Dezentralisierung. Der für eine solche Dezentralisierung bedeutsame Dienstleistungssektor verlagert sich nämlich nicht automatisch und im selben Umfang wie die Industrie in die Provinz. Das gilt vor allem für höhere Dienstleistungen und Direktions- sowie Konzeptionsabteilungen, Forschungslaboratorien, Banken und Versicherungen[40]. Außerdem sind der industriellen Dezentralisierung Grenzen gesetzt. Infolge des ohnehin limitierten Wirtschaftswachstums Frankreich können durch Industriebezogene Planungsmaßnahmen bestenfalls 30—50 Tausend Industriearbeitsplätze pro Jahr dezentralisiert werden[41]. Um diesen Zusammenhängen Rechnung zu tragen, hat sich die französische Planung seit etwa 1967 verstärkt um die Dezentralisierung des Dienstleistungssektors bemüht, und zwar sowohl um den privaten als auch um den öffentlichen (vergleichbar § 2 Abs. 1 Nr. 2 Bundesraumordnungsgesetz).

a) Was den privaten Dienstleistungssektor angeht, ist wiederum zwischen Restriktionsmaßnahmen im Pariser Raum und Maßnahmen, die Anreize zur Dezentralisierung schaffen sollen, zu unterscheiden. Die Restriktionsmaßnahmen erfassen Verwaltungs- und Bürobauten auf einer Fläche von mehr als 1000 qm und sind inhaltsgleich mit den schon analysierten Restriktionen für Industriebauten[42]. Die Sonderabgabe bei Erteilung des agrément beträgt maximal 500 FF[43]. Maximal 20 % der Investitionskosten werden als Prämien für Verwaltungs- und Bürobauten in der Provinz gewährt[44]. Der Erfolg dieser Maßnahmen ist bescheiden: während in den Jahren 1968—1970 1900 Anträge auf Gewährung von Prämien für Industrieansiedlung in der Provinz gestellt wurden, betrug die Vergleichszahl für Büro- bzw. Verwaltungsbauten im gleichen Zeitraum nur 19[45]. Die Bilanz für 1970/71 ist kaum günstiger:

---

[38] *Delegationsbericht*, S. 11, 40.
[39] *Delegationsbericht*, S. 11.
[40] *Monod/Castelbajac*, S. 69 f.
[41] *Monod/Castelbajac*, S. 69.
[42] *Delegationsbericht*, S. 30.
[43] *Monod/Castelbajac*, S. 70.
[44] *Monod/Castelbajac*, S. 70.
[45] *Delegationsbericht*, S. 57.

rund 5000 Arbeitsplätze, vorwiegend im technologischen Forschungssektor, sind in der Provinz geschaffen worden[46]. Aus dem Studium des Delegationsberichts gewinnt man den vorläufig abschließenden Eindruck, daß die Planung im Tertiärbereich auch künftig nicht viel bessere Ergebnisse erzielen wird. Über einige, mehr oder weniger vage Zielbeschreibungen gelangt der Bericht nicht hinaus[47]. Vermutlich hängt diese negative Erfolgsbilanz nicht zuletzt damit zusammen, daß das für den Dienstleistungssektor wichtige städtische Milieu Frankreichs nicht denselben Umfang erreicht und auf absehbare Zeit erreichen wird wie etwa in der Bundesrepublik[48].

b) Die Dezentralisierung des öffentlichen Dienstleistungssektors ist nach der Feststellung des Delegationsberichts 1972 eine der Prioritäten der aktuellen Planung[49]. Die in diesem Zusammenhang mißverständliche Formulierung von der administrativen Dezentralisation bedeutet selbstverständlich keine Dezentralisierung der Verwaltungsorganisation. Gemeint sind vielmehr Maßnahmen wie beispielsweise die Verlagerung einzelner Abteilungen der Nationaldruckerei, die Einrichtung einer höheren technischen Militärschule oder eines Ateliers für Telekommunikation[50]. Das ist folgerichtig, weil es nicht um die Verlagerung von Entscheidungsbefugnissen von der zentralen auf die lokale Ebene geht, sondern darum, den Dienstleistungssektor dadurch zu beeinflussen, daß Arbeitsplätze, die von der öffentlichen Hand bestimmt werden, in die Provinz verlagert werden. Die Bilanz des Beitrags der öffentlichen Hand zur Dezentralisierung des Dienstleistungssektors von 1970 bis 1973 beläuft sich auf rund 4000 verlagerte Arbeitsplätze[51]. In dieser Zahl sind Projektionen für 1972/73 bereits enthalten. Daß diese Verlagerungen größeren Umfang als bisher annehmen können, steht nicht zu erwarten, weil die in der eigentlichen Verwaltung lokalisierten Arbeitsplätze nur mit einer echten Dezentralisierung der Entscheidungsbefugnisse selbst in größerem Umfang verlagert werden können.

### 3. Die Umgestaltung der ländlichen Gebiete

Seit 1967 ist die Umgestaltung der ländlichen Gebiete Frankreichs zu einem weiteren Schwerpunkt der Planung geworden[52] (vergleichbar § 2

---

[46] *Delegationsbericht*, S. 56.
[47] *Delegationsbericht*, S. 57 f.
[48] *Delegationsbericht*, S. 57.
[49] *Delegationsbericht*, S. 55.
[50] *Delegationsbericht*, S. 55.
[51] *Delegationsbericht*, S. 55.
[52] *Delegationsbericht*, S. 12, der von 4 Jahren spricht; *Monod/Castelbajac*, S. 86 (dort auch frühere Maßnahmen).

Abs. 1 Nr. 5 Abs. 3 Bundesraumordnungsgesetz). Dabei nutzt man für die Modernisierung der Landwirtschaft und die Neuorientierung ihrer Bevölkerung auf Tätigkeiten im Industriesektor den Umstand aus, daß sich in den letzten Jahren eine Tendenz der Stadt- bzw. Industriebevölkerung verstärkt, in ländlichen Randzonen zu wohnen. Man erwartet von der Begegnung zwischen landbewohnender und landwirtschaftlicher Bevölkerung[53] günstige Auswirkungen für eine funktionale Verschränkung des ländlichen und städtisch-industriellen Raums. Zur Verstärkung der erwarteten Entwicklung sollen im ländlichen Raum Arbeitsplätze nicht-landwirtschaftlicher Art geschaffen werden, die auf die landwirtschaftliche Bevölkerung Anziehungskraft ausüben sollen[54]. Im Delegationsbericht 1972 werden diese Zielvorstellungen formelartig umschrieben. Es ist von Modernisierung der Landwirtschaft, von einer wirtschaftlichen Umstrukturierung des ländlichen Raums, von einer Industrialisierung, von einer systematischen Ermutigung der handwerklichen Tätigkeiten und derjenigen auf dem touristischen Sektor, von einer Umerziehung der Menschen die Rede[55]. Zur Verwirklichung dieser langfristigen Politik wurden 1970 129,5 Millionen, im Haushaltsjahr 1972 309,6 Millionen FF neben der üblichen Finanzausstattung der ländlichen Gebiete als Kredit vergeben[56].

### 4. Die Touristenzentren

Gegenstand der französischen Planung ist ferner die Einrichtung bzw. Erweiterung von Touristenzentren[57] (vergleichbar § 2 Abs. 1 Nr. 7 Abs. 1 Bundesraumordnungsgesetz). Die Berührungspunkte mit der im Zentrum der Planung stehenden wirtschaftlichen Entwicklung des Landes liegen verständlicherweise darin, einzelne, für den Tourismus geeignete Gebiete (vor allem die Küsten und die Alpen) als Vehikel für die Stärkung der wirtschaftlichen Leistung Frankreichs zu benutzen[58]. Aus diesem Zusammenhang ergibt sich auch, daß in diesen Gebieten nicht nur die spezifisch auf Touristen zugeschnittene und saisonbedingte Ausrüstung gefördert wird, sondern auch Entwicklungen angestrebt werden, welche die allgemein wirtschaftliche Lage dieser Gebiete verbessert[59].

---

[53] Zur Begriffsbildung *K. Meyer*, Sp. 1805.
[54] *Monod/Castelbajac*, S. 85; grundsätzlich *K. Meyer*, Sp. 1807 ff.
[55] *Delegationsbericht*, S. 12.
[56] *Delegationsbericht*, S. 46 ff.
[57] *Delegationsbericht*, S. 13 ff., 89 ff.
[58] *Monod/Castelbajac*, S. 89.
[59] *Delegationsbericht*, S. 14, 15.

## 5. Die Verkehrs- und Kommunikationswege

Die bisher dargestellten Schwerpunkte der Planung bestätigen die primär wirtschaftlichen Zielsetzungen der französischen Planung. Eine der Bedingungen dieser Zielsetzung ist, wie der Delegationsbericht mit Recht hervorhebt[60], die Entwicklung der Infrastruktur Frankreichs. In einer dezentralisierten Wirtschaft und Gesellschaft muß jedenfalls die Kommunikation zwischen den einzelnen Teilen gut funktionieren, damit alle Teile als gleichberechtigte und aufeinander bezogene Teile des Ganzen erscheinen, anders ausgedrückt, damit das angestrebte wirtschafts- und gesellschaftspolitische Gleichgewicht des Gemeinwesens erreicht wird. In diesem Sinne ist es zu verstehen, wenn im Zuge der französischen Planung die Verkehrswege zu Lande und in der Luft sowie die Telekommunikationswege ausgebaut werden und zwar jeweils im Hinblick auf die Dezentralisierungsschwerpunkte (vergleichbar § 2 Abs. 1 Nr. 1 Abs. 2 Bundesraumordnungsgesetz). So sollen die Telefon- und Telexverbindungen erheblich erweitert werden, ihre Kosten durch moderne technische Rationalisierung gesenkt werden[61]. Neue Formen der Telekommunikation (z. B. Teleinformatik) werden erforscht und erprobt[62]. In einem Konzeptionsschema werden die Hauptverbindungen und die Verkehrsachsen erarbeitet. Es ist Grundlage für die konkreten Ausbaumaßnahmen[63]. Für die notwendige Ausrüstung für den Flugverkehr, insbesondere die Flughäfen gibt es ebenfalls Konzeptionsschemen[64].

## 6. Die Neuordnung des Städtewesens

Zu den Erfolgsvoraussetzungen einer wirtschaftlichen Dezentralisierung gehört ferner, daß die Konzeptions- und Entscheidungsfunktionen sowie das Angebot von Diensten, welche bisher die Metropole (im Falle Frankreichs: Paris) allein übernommen hat, nunmehr auch andere Zentren übernehmen[65]. In diese Richtung vorzustoßen, ist das Anliegen der im Zuge der Planung betriebenen Neuordnung des Städtewesens. Soweit diese Neuordnung mit kommunalrechtlichen Formen und Instrumenten versucht wird, bleibt sie der Darstellung der Veränderungen der französischen Verwaltungsorganisation vorbehalten (unten VII). Hier geht es zunächst nur um die Analyse der unter Planungsgesichtspunkten vorgenommenen Planung im Städtewesen (vergleichbar § 1

---

[60] *Delegationsbericht*, S. 16; vgl. auch *Jochimsen/Gustafson*, Sp. 1330 f.
[61] *Delegationsbericht*, S. 61 f.
[62] *Delegationsbericht*, S. 62.
[63] *Delegationsbericht*, S. 66 und instruktiv *Monod/Castelbajac*, S. 100 f.
[64] *Delegationsbericht*, S. 66.
[65] Vgl. *Gravier*, S. 134.

## VI. Die Politik des Aménagement du Territoire

Abs. 2 Abs. 3 Städtebauförderungsgesetz). Ausgangspunkt dieser Planung sind zwei 1963 und 1964 erstellte Studien über die höhere Stadtstruktur Frankreichs und die Aufgabe der Regionen in dieser Struktur. Die Autoren dieser Studien *Haubreux, Lecourt* und *Rechefort* gelangten auf der Basis von 20 Kriterien zu dem Ergebnis, daß die Stadtstruktur Frankreichs, abgesehen von Paris, in 10 regionale Zentren, 24 Städte mit unvollständigen Regionalfunktionen und 25 Städten, die als Hauptorte von Departements gut ausgerüstet sind, eingeteilt werden kann[66]. Die französische Planung hat diese Ergebnisse insoweit akzeptiert, als ihrer Planung 8 städtische Regionalzentren bzw. Ballungsgebiete — métropoles d'équilibre bzw. aires métropolitaines genannt — zugrundeliegen[67]. Es sind die schon in den Studien vorgeschlagenen, zum Teil aus mehreren Städten bestehenden Ballungsgebiete: Lille-Roubaix-Tourcoing, Nancy-Metz, Strassbourg, Lyon-St. Etienne-Grenoble, Marseille-Aix, Toulouse, Bordeaux und Nantes-St. Nazaire[68]. Seit 1966 wurde für jedes dieser Ballungsgebiete ein Planungsschema erarbeitet, daß die Ausrüstung des jeweiligen Ballungsgebietes unter ökonomischen und sozialen Aspekten feststellt, die notwendigen Einzelplanungen der Ausrüstung koordinieren und schließlich durch Wertungen die Grundlage konkreter Entscheidungen bilden soll[69]. In den Jahren 1969—1971 sind die meisten Planungsschemen fertiggestellt und vom Ministerrat gebilligt worden[70]. Damit sind die Planungen in ein konkretes Stadium getreten. Die Metropolen sollen verstärkt durch wirtschaftliche Dezentralisation im Primär- und Tertiärsektor gefördert werden. Außerdem sollen vorrangig die Infrastrukturen dieser Ballungsgebiete verbessert werden. Maßnahmen der Bodenpolitik sollen das für die Urbanisierung notwendige Land beschaffen (vor allem Anleihen und Haushaltsansätze im Nationalbudget)[71]. Der Entlastung der Ballungsgebiete sollen schließlich die ihnen jeweils zugeordneten „neuen Städte"[72] dienen. Sie sollen daneben Modellcharakter für die Neuordnung des Städtewesens besitzen[73]. 2410 Millionen werden allein für diese neuen Städte bereitgestellt[74]. Der Erfolg dieser Städteneuordnung wird vermutlich entscheidend von zwei Umständen abhängen. Einmal wird es darauf an-

---

[66] Vgl. im einzelnen *Trintignac*, S. 254 f.; *Monod/Castelbajac*, S. 74 f.; abw. Einteilung — vorwiegend terminologischer Art — bei *Gravier*, S. 135 ff.
[67] *Delegationsbericht*, S. 75 ff., *Monod/Castelbajac*, S. 76.
[68] *Monod/Castelbajac*, S. 75, 77; ferner *Trintignac*, S. 258; *Bourjol*, Kommunalverwaltung, S. 261 f.
[69] *Monod/Castelbajac*, S. 77 f.
[70] *Delegationsbericht*, S. 75.
[71] *Delegationsbericht*, S. 81, 86 ff.
[72] zum Begriff *Albers/Partzsch*, Sp. 2071 ff.
[73] *Delegationsbericht*, S. 82.
[74] *Delegationsbericht*, S. 82.

kommen, ob die 8 anvisierten Ballungsgebiete wirklich 8 in ihrer Qualität mit Paris vergleichbare sozio-ökonomische Zentren werden; zum anderen, ob diese Zentren auch für ihre Aufgaben als regionale Metropolen ausreichende administrative Entscheidungsbefugnisse bekommen. Ist dies nicht der Fall, so ist ihr Charakter als Metropolen mehr als fraglich. Auch deshalb wird im folgenden der Frage nachgegangen, inwieweit in Frankreich nunmehr auch administrative Entscheidungsbefugnisse stärker dezentralisiert werden, als zu Eingang dieses Berichtes festgestellt werden konnte. Vor allem wird es darauf ankommen, inwieweit die lokalen Instanzen an der beschriebenen Umstrukturierung der französischen Wirtschaft und Gesellschaft teilhaben.

## VII. Die Kommunalreform

In einem noch darzulegenden Zusammenhang mit der Raumordnung ist seit 1959 in Frankreich die Kommunalreform in Gang gekommen[1].

### 1. Kommunalreform oder Kommunalfinanzreform?

In Anbetracht der Tatsache, daß die Finanzausstattung der Gemeinden noch immer zu wünschen übrig läßt — sie besteht zu einem großen Teil aus nicht steuerlichen Abgaben sowie Vermögenseinkünften und variiert daher mit der Größe der Gemeinde[2] hat man behaupten können, daß eine Reform der Kommunalfinanzen im Grunde viel wichtiger als eine Kommunalreform sei[3]. Je besser die Finanzausstattung sei, um so stärker sei die lokale Autonomie und die Dezentralisierung[4]. Gegen diese Auffassung wendet sich der französische Innenminister mit einem gewissen Recht, wenn er darauf hinweist, daß die gegenwärtige Existenz von fast 38 000 Gemeinden eine sachgerechte Aufteilung des Finanzaufkommens zwischen Staat und Gemeinden nicht sinnvoll erscheinen lasse und deshalb nicht notwendige Voraussetzung oder gar Ersatz einer Kommunalreform sei[5]. Andererseits kann nicht übersehen werden, daß eine Modernisierung der Kommunalstrukturen ohne entsprechende Finanzausstattung der Gemeinden nicht zu leistungsfähigen Verwaltungsträgern auf der Kommunalebene führt. Finanz- und Kommunalreform müssen Hand in Hand gehen. Das verkennt der Innenminister auch nicht. Er weist vielmehr auf die fortdauernden Bemühungen um die Reformen der Kommunalfinanzen hin[6].

### 2. Kommunalreform und Raumordnung

Der Zusammenhang zwischen Raumordnungspolitik und Kommunalreform wird von wissenschaftlicher und offizieller Seite nicht bestritten.

---

[1] Zum folgenden auch *Müller-Guntrum*, S. 195 ff.; *Servan-Schreiber*, S. 37 ff. (Z. T. polemisch).

[2] Dazu *H. Detton*, S. 109 ff., 111 f.; ferner *Bourjol*, Kommunalverwaltung, S. 274, der die seit 1959 eingeleiteten Finanzreformen negativ bewertet; vgl. auch *Hartmann*, S. 343.

[3] *Hartmann*, S. 343; *Bulletin* No 3, S. 23 ff. (Senatsdebatten).

[4] Vgl. *H. Detton*, S. 109.

[5] *Bulletin* No 4, S. 16.

[6] *Bulletin* No 4, S. 16.

*Werner Weber* hat diesen Zusammenhang folgendermaßen umschrieben: als raumgemeinschaftliche Aktionskörper gerieten kommunale Selbstverwaltungskörper notwendig mit den ebenfalls raumbezogenen universellen Zielsetzungen der Raumordnungspolitik in Berührung. Die Kommunen seien einerseits Objekte der staatlichen Raumordnungspolitik, andererseits aber auch selbst Träger eigener Raumordnungsverantwortung[7]. Nicht anders werden die Zusammenhänge in Frankreich gesehen. Etwa um die gleiche Zeit schreibt *Lanversin*, es gehe um die Definition der für die Raumordnungspolitik am besten geeigneten administrativen Strukturen. Dabei sei einerseits zwischen Neuordnung existenter Strukturen und andererseits der Schaffung neuer spezifisch-raumordnungsbezogener Strukturen zu unterscheiden[8]. Man weist auch auf die besondere Bedeutung der Stärkung und Erneuerung gerade der kommunalen Selbstverwaltung für eine Raumordnung hin[9]. Der Innenminister sieht diese Zusammenhänge im wesentlichen übereinstimmend. Er verweist darauf, daß die französische Kommunalstruktur die heutigen demokratischen und wirtschaftlichen Realitäten nicht mehr wiederspiegele. Die Kommunalreform müsse zwei Problembereiche erfassen: die großen städtischen Ballungsgebiete und die kleinen Landgemeinden[10].

### 3. Erfahrungen mit früheren Kommunalreformen

Hauptanliegen der Kommunalreform durch Gebietsänderung und der daneben betriebenen Reform interkommunaler Zusammenschlüsse ist die Neuabgrenzung der Aufgaben, die gemeindliche Aufgaben bleiben, und solchen, die künftig interkommunalen Gemeindeverbänden zugeschrieben werden[11]. Offizielle Stellungnahmen haben im Gegensatz zur Wissenschaft freilich den Begriff der „Interkommunalität" vermieden, weil die interkommunalen Aufgaben nicht ein für allemal feststehen und deshalb nicht in einem abstrakt-theoretischen Schema festgehalten werden können[12]. Der offiziellen Auffassung, die Kommunalreform sei liberal, weil die Umstrukturierung des französischen Kommunalsystems nicht vom Staat erzwungen, sondern den beteiligten Gemeinden überlassen bleibe[13], wird man nur mit Einschränkungen zustimmen können. So sieht die Reform zum Teil eine Zwangsvergemeinschaftung der Ge-

---

[7] W. *Weber*, Gutachten, S. 1.

[8] *Lanversin*, Aménagement, S. 40; ferner *Bourjol*, Kommunalverwaltung, S. 258.

[9] *Monod/Castelbajac*, S. 46; *Müller-Guntrum*, S. 207.

[10] *Bulletin* No 4, S. 12.

[11] *Hartmann*, S. 346; ferner *Bernard*, S. 278 f.

[12] Vgl. etwa *Bernard*, S. 279 ff., der zwischen interkommunalen Aufgaben unter funktionellen und operationellen Aspekten unterscheidet.

[13] *Bulletin* No 4, S. 12.

## VII. Die Kommunalreform

meinden vor. Außerdem wird auf die Entscheidungsfreiheit der Gemeinden seit je her durch starke finanzielle Anreize eingewirkt (Subventionen, besondere Finanzzuweisungen)[14]. Die Verbesserung und Verstärkung dieser Anreize wird weiterhin erstrebt[15]. Der Conseil d'Etat hat diese Reform durch Finanzierung zwar mit dem Selbstverwaltungsprinzip für vereinbar gehalten[16]. Man wird jedoch Zweifel anmelden können, ob die Reform nicht zu einer „Bestrafung" der nicht reformbereiten Gemeinden führt: sie werden in bezug auf die Finanzausstattung schlechter gestellt und damit ungleich behandelt sowie in einem Zugzwang zur Vergemeinschaftung gebracht, der die angebliche Liberalität der Reform beträchtlich abschwächt[17]. Als illiberal im Sinne von undemokratisch wurden die Reformen bis Mitte der 60iger Jahre auch deshalb bezeichnet, weil den betroffenen Gemeinden bei der Ausarbeitung der Reformgesetze und Verordnungen sowie bei der Verwirklichung nicht genügend Gelegenheit zur Stellungnahme und Mitwirkung gegeben worden sei[18]. Schließlich ist auch gerügt worden, daß die Reform den Selbstverwaltungsgedanken dadurch geschwächt habe, daß die Bedeutung der Wahl zurückgegangen sei und der Bürger sich von der Verwaltung immer mehr entferne[19]. Inwieweit die neuesten Reformmaßnahmen ihr Ziel, die Partizipation zu stärken[20], erfüllen, wird bei der Analyse der gegenwärtigen Reformmaßnahmen zu erörtern sein. An dieser Stelle soll es genügen, darauf hinzuweisen, daß die behauptete Schwächung des Selbstverwaltungsgedankens eine der Ursachen in dem Versuch, eine zweistufige Kommunalverwaltung einzuführen hat (Gemeindeebene — höherer Gemeindeverband)[21].

Bei der Beurteilung des Reforminstrumentariums und der erzielten Ergebnisse muß man sich freilich auch die drei hauptsächlichen Hindernisse vor Augen halten, denen die Umstrukturierung des französischen Kommunalsystems begegnet[22]. Einmal ist auf die nicht immer leichte Aufgabe hinzuweisen, reale Gemeinsamkeiten für eine Vergemeinschaf-

---

[14] *Hartmann*, S. 346 f.; *Bourjol*, Kommunalverwaltung, S. 261; *Bernard*, S. 245 ff.; *Müller-Guntrum*, S. 215.
[15] *Bulletin* No 4, S. 18.
[16] CE 3. 4. 1968 Papin A.J.D.A. 1968, 463; 13. 12. 1968 Fédération Nationale des Elus Republicains municipaux et cantonaux A.J.D.A. 1969, 22; wie der CE *Bernard*, S. 247; jetzt auch BadWü StGH BadWüVBl 73, S. 9.
[17] *Venezia*, S. 1107; *Bulletin* No 4, S. 15.
[18] *Venezia*, S. 1106 f.; vgl. auch die im *Bulletin* No 3, S. 24 f. wiedergegebenen Stellungnahmen.
[19] *Venezia*, S. 1108 f.
[20] *Bulletin* No 4, S. 18.
[21] Dazu *Bernard*, S. 280; *Bourjol*, Kommunalverwaltung, S. 260; *H. Detton*, S. 116; *Hartmann*, S. 346.
[22] zum Folgendem auch *Müller-Guntrum*, S. 204 f.

tung zu ermitteln und zu begründen[23]. Weiterhin muß dem Argument begegnet werden, eine Vergemeinschaftung sei untragbar, denn im Grunde falle, sobald die notwendigen Investitionen der Gemeinden finanziert seien, die Berechtigung für eine Vergemeinschaftung fort. Die zugegebenen Schwierigkeiten der Gemeinden seien bloß temporärer Art und durch eine Finanzreform zu beseitigen[24]. Die Formen der Vergemeinschaftung seien unbefriedigend, weil sich ein einheitlicher geographischer und verwaltungsmäßiger Rahmen für die vielfältigen Aufgaben nicht finden lasse[25]. Schließlich ist mit dem hinlänglich bekannten psychologischen Widerstand der Gemeinden zu rechnen. Man bringt in diesem Zusammenhang auch vor, die Gemeinden seien nicht mit wirtschaftlichen Unternehmen zu vergleichen, bei denen eine Konzentration unter Umständen sinnvoll sei[26].

#### 4. Die Fusion von Gemeinden

a) Bei Gebietsveränderungen der Gemeinden sind zwei Arten zu unterscheiden: die Gemeindefusion, die aus mehreren Gemeinden eine neue Gemeinde mit neuem Ortsrecht entstehen läßt und die Eingemeindung, bei der eine kleinere Gemeinde in eine größere Gemeinde inkorporiert wird und fortan dem Ortsrecht der größeren Gemeinde untersteht[27]. Beide Arten der Gebietsänderung wickeln sich freilich nach weitgehend identischen Regeln ab[28]. Im folgenden wird nur die praktisch bedeutsamere Fusion von Gemeinden analysiert. Sie ist auf zweierlei Weise möglich: als einfache Fusion und als Fusion mit Bildung assoziierter Gemeinden.

Die Fusion von Gemeinden mit Stadtmilieu soll für städtische Ballungsgebiete eine einheitliche Verwaltungsgrenze schaffen und so die unter Planungsgesichtspunkten vorgenommene Neuordnung des Städtewesens erleichtern[29]. Die Fusion ländlicher Gemeinden verfolgt ein bescheideneres Ziel. Sie dient weniger einem theoretischen Konzept als einer rationellen Verwaltung: z. B. durch Verminderung des Personals sowie Erweiterung bzw. Verbesserung der Gemeindeeinrichtungen[30].

---

[23] *Venezia*, S. 1095 f.
[24] *Venezia*, S. 1102.
[25] *Venezia*, S. 1103 f.
[26] Vgl. *Venezia*, S. 1097 ff.
[27] *Bulletin* No 4, S. 33; insoweit ungenau *Hartmann*, S. 346, der Eingemeindung und Fusion als Synonyme versteht.
[28] *Bulletin* No 4, S. 33.
[29] *Bulletin* No 4, S. 34.
[30] *Bulletin* No 4, S. 34.

Die einfache Fusion führt im Prinzip zur Auflösung der alten Gemeinden. Eine gewisse Fortexistenz der Gemeinden ist auf deren Antrag in dreifacher Weise möglich:

(1) Auf übereinstimmenden Beschluß der alten Gemeinderäte können die bisherigen Gemeinderäte bis zur nächsten Neuwahl den neuen Gemeinderat bilden, der jedoch nicht die Zahl von 55 Mitgliedern überschreiten darf. Keine Gemeinde darf mehr Sitze erhalten als ihr bisheriger Gemeinderat hatte. Die Zahl der weiter amtierenden Mitglieder wird proportional zur Zahl der eingeschriebenen Wähler ermittelt. Für die Integration der alten Bürgermeister und Beigeordneten gelten Sonderbestimmungen[31]. Außerdem kann seit dem Gesetz No 70—1297 vom 31. 12. 1970 den alten Gemeinden auf deren Antrag auch für künftige Neuwahlen eine porportionale Repräsentation eingeräumt werden (auf der Grundlage der Zahl der eingeschriebenen Wähler) durch die Bildung besonderer Wahlbezirke[32].

(2) Neben der Fortexistenz der alten Gemeinden unter dem Gesichtspunkt der Repräsentation ist seit dem Gesetz vom 31. 12. 1970 auf Antrag der alten Gemeinden auch eine Fortexistenz unter dem Gesichtspunkt der Verwaltung vorgesehen. Es können besondere Beigeordnete gewählt werden, die im Gebiet der alten Gemeinden die Funktionen des Standesbeamten und fakultativ die Überwachung der Gesetze und der Polizeiverordnungen übernehmen[33]. Außerdem können Ortsbürgermeistereien gebildet werden[34]. Mit *Heinrich Siedentopf* kann man in diesen Reformmaßnahmen die Ausbildung einer Ortschafts- oder Bezirksverfassung sehen[35].

(3) Schließlich ist im Bezug auf das Grundvermögen der alten Gemeinden eine Sonderverwaltung möglich. Nach fünf Jahren kann das Sondervermögen in das Vermögen der neuen Gemeinde auf deren Antrag eingegliedert werden[36].

Bei der Fusion in der Form der Assoziierung (commune associée) — geschaffen durch Gesetz vom 16. 7. 1971 — sind die eben erwähnten Möglichkeiten, ohne daß es eines Antrags bedarf, mit folgenden Abweichungen vorgesehen: an die Stelle des besonderen Beigeordneten tritt eine Art Ortsbürgermeister (maire délégué). Er hat die Aufgaben des besonderen Beigeordneten, sowie die Gerichtspolizei und ihm vom

---

[31] *Bulletin* No 4, S. 38 f.; so schon *Siedentopf*, S. 309.
[32] *Bulletin* No 4, S. 43.
[33] *Bulletin* No 4, S. 39 f.
[34] *Bulletin* No 4, S. 40.
[35] *Siedentopf*, S. 309.
[36] *Bulletin* No 4, S. 44; *Siedentopf*, S. 309.

## VII. Die Kommunalreform

Bürgermeister übertragenen, auf den Ortsteil bezogene Aufgaben wahrzunehmen[37]. Nur auf Antrag der betroffenen Gemeinden wird ein im wesentlichen beratender, zum Teil aus Ratsmitgliedern, zum Teil aus gewählten Mitgliedern der Bevölkerung bestehender Ausschuß gebildet[38].

Was das Verfahren der Fusion anlangt, sind drei Formen zu unterscheiden:

(1) Die klassische Form: die Fusionierung beruht auf übereinstimmenden Beschluß der Gemeinderäte und wird durch Verfügung des Präfekten sanktioniert. Bei (der angeblich seltenen) Uneinigkeit der Gemeinderäte über Prinzip und Modalitäten der Fusionierung bedarf es eines Dekrets, das nur nach einer Stellungnahme des Staatsrates und des Departementrates ergehen kann[39]. Hier ist die Liberalität der Fusionierung bereits durchbrochen, so daß die entgegengesetzte Feststellung *Siedentopfs*[40] insoweit nicht mehr zutrifft.

(2) Eine besondere, zeitlich beschränkte Fusionierung ist im Gesetz No 71—588 vom 16. 7. 1971 vorgesehen. Für jedes Departement wird von einer gemischten Kommission (bestehend aus dem Präsidenten des Departements, 4 Mitgliedern des Departementrates und 10 Bürgermeistern) ein Plan zur Umstrukturierung des kommunalen Systems erarbeitet und vom Präfekten in Kraft gesetzt[41]. Sinn dieses Planes ist es, einen auf regionale Besonderheiten rücksichtnehmenden Generalplan zur Neuordnung der Kommunalstruktur zu schaffen[42]. Dieser Plan bildet die Grundlage für den Fusionsvorschlag des Präfekten an die betroffenen Gemeinden. Akzeptieren die Gemeinderäte oder akzeptiert der Präfekt Abänderungswünsche der Gemeinderäte, so wird die Fusionierung durch Verfügung des Präfekten ausgesprochen[43]. Widersprechen die Gemeinderäte der Fusion oder unterlassen sie eine Stellungnahme, so ruft der Präfekt den Departementrat an. Bei dessen positiver Stellungnahme verfügt der Präfekt die Fusion; bei negativer Stellungnahme hat er das Recht, ein interkommunales Referendum einzuholen[44].

---

[37] *Bulletin* No 4, S. 41 f.
[38] *Bulletin* No 4, S. 42.
[39] *Bulletin* No 4, S. 36.
[40] *Siedentopf*, S. 309.
[41] *Bulletin* No 4, S. 19 ff.; i. einzelnen *Müller-Guntrum*, S. 208 ff.; zur Rechtfertigung der Sanktionierung durch den Präfekten: *Bulletin* No 3, S. 30 ff.
[42] *Bulletin* No 4, S. 15.
[43] *Bulletin* No 4, S. 22.
[44] *Bulletin* No 4, S. 22.

(3) Schließlich sieht das Gesetz vom 16. 7. 1971 die Fusionierung im Wege des interkommunalen Referendums vor. Das Referendum muß von ²/₃ der Gemeinderäte, die 50 %  der Bevölkerung, oder von der Hälfte der Gemeinderäte, die ²/₃ der Bevölkerung repräsentieren, beantragt werden[45]. Außerdem steht dem Präfekten abgesehen von dem unter (2) erörterten Fall ein allgemeines Intiativrecht zu. Er soll davon nur Gebrauch machen, wenn die Fusion einem vermuteten mehrheitlichen Wunsch der Bevölkerung entspricht[46] — eine reichlich vage Bedingung, die wie die Erfahrungen auf der Staatsebene zeigen, mißbraucht werden kann[47]. Das Referendum muß die absolute Mehrheit der abgegebenen Stimmen erreichen, die einer Stimmenzahl von mindestens ¹/₄ der eingeschriebenen Wähler aller Gemeinden entspricht[48]. Lehnen ²/₃ der Stimmen — entsprechend der Hälfte der eingeschriebenen Wähler — die Fusion einer Gemeinde ab, so vollzieht sich die Fusion ohne die Gemeinde, in der die Ablehnung erfolgt ist[49].

Es bleibt abzuwarten, ob die im Vergleich zum früheren Rechtszustand zweifellos demokratischere, aber auch schwerfälliger ausgestaltete Fusion von Gemeinden künftig bessere Ergebnisse erzielt als in den Jahren 1958—1970, in denen aus 635 Gemeinden 298 durch Fusion entstanden sind[50] — ein bescheidenes Ergebnis, wenn man die Gesamtzahl der französischen Gemeinden in Rechnung stellt[51].

## 5. Interkommunale Zusammenschlüsse

a) Von interkommunalen Zusammenschlüssen, die der Neugliederung der Gemeinden dienen, ist an erster Stelle der *Zweckverband* zu erwähnen, den es in der Form eines Ein- und Mehrzweckverbandes gibt. Was seine Struktur und Wirkungsweise anlangt, so darf hier auf die Darstellung von *Siedentopf*[52] und *Hartmann*[53] verwiesen werden. Sie sind in drei Punkten zu ergänzen. Einmal kann seit dem Gesetz vom 31. 12. 1970 — anders als früher — auch der Mehrzweckverband mit qualifizierter Mehrheit gegründet werden (²/₃ der Gemeinden, die ins-

---

[45] *Bulletin* No 4, S. 22 f.
[46] *Bulletin* No 4, S. 23; aufschlußreich *Bulletin* No 3, S. 43, wo das Präfektenreferendum als eines der Instrumente bezeichnet wird, die der kommunalen Neugliederung Wirksamkeit verschaffen.
[47] Treffend *Müller-Guntrum*, S. 213 f.
[48] *Bulletin* No 4, S. 23.
[49] *Bulletin* No 4, S. 23.
[50] *Venezia*, S. 1084.
[51] Selbstkritisch *Bulletin* No 4, S. 13 („enttäuschendes Ergebnis").
[52] *Siedentopf*, S. 309 f.
[53] *Hartmann*, S. 350 ff.

gesamt die Hälfte der Einwohner repräsentieren oder die Hälfte der Gemeinden, die ²/₃ der Einwohner repräsentieren, sind gründungswillig)[54]. Außerdem kann die Gründung eines Mehrzweckverbandes seit dem Gesetz vom 16. 7. 1971 auch auf der Grundlage des schon erläuterten Department-bezogenen Planes zur Neugliederung der Gemeinden auf Vorschlag des Präfekten gegründet werden: lehnen die Gemeinderäte den Vorschlag ab, ruft der Präfekt den Departementrat an und verfügt auf dessen positive Stellungnahme hin die Gründung des Verbandes. Ist die Stellungnahme des Rates negativ, so verfügt der Präfekt die Gründung eines Zweckverbandes, der ausschließlich die Aufgabe hat, Pläne für gemeinsame öffentliche Einrichtungen der betroffenen Gemeinden auszuarbeiten[55]. Schließlich hat das Gesetz vom 31. 12. 1970 die Zweckverbandsverfassung der Gemeindeverfassung angeglichen: der Präsident des Zweckverbandes wird wie ein Bürgermeister gewählt, die Verbandsversammlung muß unter denselben Bedingungen zusammentreten wie der Gemeinderat, dessen Vorschriften entsprechende Anwendung finden[56]. Einigkeit besteht darin, daß der Zweckverband als administratives Mittel der Gemeindeneugliederung und der Strukturplanung nur begrenzten Erfolg verspricht, weil nur einzelne Funktionen der Gemeinden, die ihrerseits nicht einmal benachbart sein müssen, gemeinsam wahrgenommen werden[57]. Immerhin ist die Zahl der Zweckverbände nicht unerheblich, 1970 waren es 1108[58].

b) 1959 wurde erstmals in Frankreich eine kommunale Verwaltungseinheit geschaffen, in der Entwicklungsbelange mit Verwaltungsgrenzen zur Deckung kommen sollten: *der Stadtdistrikt* (district urbain). Er sollte als Körperschaft des öffentlichen Rechts (nicht Gebietskörperschaft) die Gemeinden desselben (städtischen) Ballungsgebietes zusammenfassen. Auch hat der Gedanke, mit dem Distrikt eine zweistufige Kommunalverwaltung ins Leben zu rufen, eine Rolle gespielt. So weist *Hartmann* mit Recht darauf hin, die Formulierung in Artikel 6 der Ordonance vom 14. 7. 1959, daß der Distriktsrat über die Angelegenheiten, die in die Zuständigkeit des Distrikt fallen, beschließt, habe den Wortlaut der französischen Gemeindeordnung von 1884 wieder aufgegriffen[59]. Dem wäre hinzuzufügen, daß der Ansatz einer zweistufigen Kommunalverwaltung vor allem darin zum Ausdruck kommt, daß der

---

[54] *Bulletin* No 4, S. 65.
[55] *Bulletin* No 4, S. 65.
[56] *Bulletin* No 4, S. 67 f.
[57] Vgl. *Siedentopf*, S. 310; *Hartmann*, S. 352; *Bulletin* No 4, S. 63, 64.
[58] *Bulletin* No 4, S. 13; ferner die Angaben bei *Venezia*, S. 1005; *H. Detton*, S. 115.
[59] Vgl. *Hartmann*, S. 353; *Bourjol*, Kommunalverwaltung, S. 260; *Müller-Guntrum*, S. 197.

Stadtdistrikt, anders als der Zweckverband, Zuständigkeiten Kraft Gesetzes besitzt, die ihm nicht bei der Gründung von den Gemeinden übertragen werden. Freilich sind diese Zuständigkeiten verglichen etwa mit denen eines Kreises bescheiden und noch ganz von der interkommunalen Zusammenarbeit her gedacht: der Stadtdistrikt ist ausschließlich mit der Verteilung von Wohnungen und dem Nachweis von Wohnungen in Ballungsgebieten befaßt, er bestreitet die Feuerwehr, sowie alle Aufgaben, die früher von einem etwa bestehenden Zweckverband der zusammengeschlossenen Gemeinden wahrgenommen wurden[60]. Die Realisierung dieses Konzepts (1970 gab es 90 Distrikte)[61] hat in der Praxis erhebliche Schwierigkeiten gemacht. Einmal deshalb, weil der sachlich nicht leicht zu bestimmende und auch normativ nicht näher bestimmte Begriff des städtischen Ballungsgebietes in Artikel 1 der erwähnten Ordonance die Festlegung von Distrikten erschwerte[62]. Das Konzept paßte im übrigen auch für ländliche Gemeinden. So sind auf zunächst unklarer Rechtsgrundlage (Zweckverband oder Distrikt?) „Landdistrikte" in ländlichen Ballungsräumen entstanden[63]. Aus diesen Schwierigkeiten hat der Gesetzgeber im Gesetz No 70—1297 vom 31. 12. 1970 die Konsequenzen gezogen und das Erfordernis „städtisch" sowie „Ballungsgebiet" ersatzlos gestrichen. Damit ist der von *Hartmann* hervorgehobene „Schritt von der bloß interkommunalen Zusammenarbeit zur raumordnerischen Verwaltungsgliederung"[64] rückgängig gemacht. Eine spezifisch-planerische Bedeutung kommt dem Distrikt nicht mehr zu, so daß der Unterschied zum Mehrzweckverband gering geworden ist[65]. Er besteht nunmehr nur noch darin, daß der Zweckverband keine „geborenen" sondern nur gekorene Aufgaben besitzt. Weil der Distrikt von seiner Aufgabenstellung her nicht mehr als eine Art Zweckverband ist, wird man auch keine ernsthaften Bedenken dagegen haben müssen, daß der Distriktsrat von den Gemeindevertretungen gewählt wird, also kein direktes allgemeines Wahlrecht zum Distriktsrats besteht[66]. Praktische Schwierigkeiten in der Realisierung des Distriktskonzepts sind aber auch deshalb aufgetreten, weil die Gemeinden dem Distrikt infolge der Möglichkeit ihn von Amts wegen zu gründen, abwehrend gegenüber stehen. Zweimal ist durch Dekret des Staatsrats eine Amtsgründung praktiziert worden[67]. Der Gesetzgeber hat in dem Ge-

---

[60] *Bulletin* No 4, S. 74.
[61] *Bulletin* No 4, S. 13.
[62] Vgl. *Hartmann*, S. 353; *H. Detton*, S. 115.
[63] *Bulletin* No 4, S. 71; *Hartmann*, S. 354; *Siedentopf*, S. 310; *Müller-Guntrum*, S. 202.
[64] *Hartmann*, S. 357.
[65] So auch *Bulletin* No 4, S. 71.
[66] *Bulletin* No 4, S. 74; kritisch *Bourjol*, Kommunalverwaltung, S. 278.
[67] Vgl. *Siedentopf*, S. 310.

setz vom 31.12.1970 und 16. 7.1971 das Gründungsverfahren dem bereits beschriebenen Zweckverbandsgründungsverfahren angeglichen[68]. Die Behauptung, die Amtsgründung sei damit beseitigt[69], geht freilich fehl, weil wie dargelegt, ein Zweckverband auch in einer Art Amtsgründung ins Leben gerufen werden kann. Kritisch ist zur Einrichtung der Distrikte anzumerken, daß sie nunmehr nur noch eine Spielart des Mehrzweckverbandes sind, so daß sich die Frage aufdrängt, ob beide Formen kommunaler Gemeinschaftsarbeit nebeneinander beibehalten werden sollten.

c) Die durch Gesetz vom 31.12.1966 für großstädtische Ballungsräume geschaffenen *Stadtgemeinschaften* (communautés urbaines) — bisher sind 8 Stadtgemeinschaften gegründet worden, davon 4 unmittelbar durch das Gesetz vom 31.12.1966: nämlich Bordeaux, Lille, Lyon und Strassbourg[70] — sollen nach wie vor dem Ziel dienen, Raumordnung und Verwaltungsgliederung in Übereinstimmung zu bringen. Das wird deutlich, wenn man bedenkt, daß die Stadtgemeinschaften den unter Raumordnungsgesichtspunkten konzipierten Metropolen des Gleichgewichts entsprechen[71], und vor allem gebietsbezogene-planerische Aufgaben interkommunal bewältigen sollen[72]. Daß der Gesetzgeber an dieser Konzeption trotz der Schwierigkeiten, den Begriff des Ballungsraums juristisch zu fassen[73], festhalten konnte, ist kein Zufall. Anders als beim Distrikt wird der großstädtische Ballungsraum durch Bevölkerungszahlen mitbestimmt: 50 000 Einwohner sind ausreichend, um eine Stadtgemeinschaft zu gründen. Die Planungsfunktion der Stadtgemeinschaften ist freilich dadurch eingeschränkt, daß die Departementsgrenzen nicht überschritten werden dürfen: im Falle Lyons mußten deshalb die Departementsgrenzen zuvor geändert werden[74]. Das Gründungsverfahren, die Organisation und Aufgaben der Stadtgemeinschaften hat *Hartmann*[75] bereits ausführlich beschrieben. Dem ist nur hinzuzufügen, daß die Gründung seit dem Gesetz vom 16. 7. 1971 auch aufgrund des Departementplanes zur Umstrukturierung des Kommunalsystems erfolgen kann. Lehnen die Gemeinderäte den Gründungsvorschlag des Präfekten ab, haben sie innerhalb von 6 Monaten die Möglichkeit, einen Distrikt, dessen Aufgaben sich nur geringfügig von den Aufgaben der gescheiterten Stadtgemeinschaft unterscheiden, zu grün-

---

[68] *Bulletin* No 4, S. 72 f.
[69] *Bulletin* No 4, S. 72.
[70] *Bulletin* No 4, S. 13; vgl. auch *Müller-Guntrum*, S. 200.
[71] Vgl. *Médard*, S. 751; ferner *Hartmann*, S. 358.
[72] *Bulletin* No 4, S. 84; *Hartmann*, S. 359, 362.
[73] Dazu *Médard*, S. 757.
[74] *Bulletin* No 4, S. 82.
[75] *Hartmann*, S. 358 ff.

den. Nach Ablauf der Frist wird der Distrikt als Pflichtverband konstituiert, dessen Aufgaben wiederum etwas beschränkter sind als die des gescheiterten freiwilligen Distrikts[76]. Auch bei den Stadtgemeinschaften hat man von Ansätzen einer zweistufigen Kommunalverwaltung gesprochen[77], obwohl sie keine Gebietskörperschaften sind. Im Vordergrund steht freilich auch hier die interkommunale Zusammenarbeit, wobei der Akzent auf der Strukturplanung liegt, so daß an die Paralelle der Planungsverbände zu denken ist[78].

### 6. Die Bilanz der Kommunalreform

Die Bilanz der französischen Kommunalreform[79] läßt sich in 3 Punkten zusammenfassen:

(1) Die Neugruppierung der Gemeinden von Amts wegen hat gegenüber dem Rechtszustand zu Beginn der 60iger Jahre zugenommen. Damit hat sich die Vermutung *Siedentopfs*, über kurz oder lange seien Zusammenschlüsse Kraft Gesetzes unumgänglich, der Substanz nach bewahrheitet[80].

(2) Das demokratische Element bei den Gemeindefusionen ist gestärkt worden.

(3) Die verschiedenen Formen der interkommunalen Zusammenarbeit sind trotz vielfach anders lautender Erklärungen Spielarten einer Grundform Zweckverband. Man mag bezweifeln, ob alle Formen praktisch notwendig sind. In Anbetracht dessen und der beschränkten Zuständigkeit der einzelnen Verbände fällt die von *Bourjol* behauptete Schwächung[81] des demokratischen Elements auf der Kommunalebene zur Zeit nicht ins Gewicht.

---

[76] *Bulletin* No 4, S. 23 f., 72.
[77] Vgl. *H. Detton*, S. 116.
[78] Dazu *Scheuner*, Regionalverbände, S. 17 ff.
[79] Dazu *Müller-Guntrum*, S. 216 ff.
[80] *Siedentopf*, S. 309.
[81] *Bourjol*, Kommunalverwaltung, S. 278.

## VIII. Die Regionalreform

### 1. Frühere Reformen

Mit Gesetz No 72—619 vom 5. 7. 1972 ist die Regionalreform in Frankreich mit ihrer fünften Etappe zu einem vorläufigen Abschluß gelangt. Zum Verständnis der neuen gesetzlichen Regelungen ist es zweckmäßig, die vier vorangegangenen Reformetappen kurz zu schildern.

a) Anknüpfend an mehr oder weniger gelungene Versuche, Regionen wirtschaftspolitischer Art zu schaffen[1], hat man Frankreich durch Dekret vom 30. 6. 1955 sowie Ministerialerlaß vom 28. 11. 1956 in 21 „circonscriptions d'action régionale" eingeteilt. Anlaß dieser Maßnahme waren die schon damals verfolgten raumordnerischen Ziele sowie solche der Planification. Man vermied die als zu revolutionär empfundene Beseitigung oder Neueinteilung der Departements und entschied sich für eine administrative Superstruktur über den Departements[2]. Die Regioneneinteilung mußte, wie schon früher bemerkt[3] verschiedenen Gesichtspunkten Rechnung tragen: historischen, geographischen und vor allem auch wirtschaftlichen[4]. Aus diesem Kompromißcharakter der Einteilung resultiert, daß ihre Zweckmäßigkeit damals wie heute stark umstritten ist[5]. Dennoch ist die Einteilung bis heute unverändert geblieben. 1970 ist lediglich mit Korsika eine 22. Region hinzugekommen[6]. Immerhin hat der 6. Plan neuerdings 8 „Raumordnungszonen" etabliert, so daß man mit einem gewissen Recht davon sprechen konnte, nunmehr habe der Gesetzgeber selbst anerkannt, daß die Regionaleinteilung unter planerischen Gesichtspunkten nicht unbedingt glücklich sei[7]. Im Gesetz vom 5. 7. 1972, das in Artikel 2 Abs. 2 und 3 ein Verfahren der Gebietsänderung der Regionen vorsieht, ist dieser Gedanke offen-

---

[1] Darüber *H. Detton*, S. 55 ff.

[2] Vgl. *Monod/Castelbajac*, S. 49; *Auby/Ducos-Ader*, Droit Administratif No 480 sub 2.

[3] Vgl. oben S. 30 ff.

[4] *Monod/Castelbajac*, S. 49; vgl. auch *Bourjol*, Région, S. 21—40, S. 84 No 142, S. 85 f. No 146 ff.

[5] *Lanversin*, Aménagement, S. 45; *Lajugie*, S. 310; *Monod/Castelbajac*, S. 50 f.; *H. Detton*, S. 60; *Bourjol*, Kommunalverwaltung, S. 268; zur Analyse der Einteilung aufschlußreich *Quermonne*, S. 113 f.; vgl. auch *Servan-Schreiber*, S. 63 f.

[6] *Monod/Castelbajac*, S. 49 FN 2.

[7] *Monod/Castelbajac*, S. 50 f.

bar nochmals akzeptiert worden. Richtig ist es jedenfalls, wenn man kritisiert hat, daß die Region in allein Reformetappen durch eine Konfusion von Planungseinheit und administrativer Einheit gekennzeichnet ist[8].

b) Die 1955 geschaffenen regionalen Programmeinheiten waren zunächst bloße Arbeitshypothesen[9] und sahen infolgedessen noch keine eigene Organisation der Region vor. Diese wurde erst, nachdem eine 1956 eingesetzte Studiengruppe zu dem Ergebnis gekommen war, daß allein unter planerischen Gesichtspunkten interdepartementale Zuständigkeiten geschaffen werden müßten[10], durch Dekret vom 7. 1. 1959 und 2. 6. 1960 eingerichtet. Geschaffen wurde eine interdepartementale Konferenz, die aus den Präfekten der Departements der jeweiligen Region, dem Generalinspekteur für nationale Wirtschaftsfragen, ad hoc hinzugezogenen Beamten mit regionalen Aufgaben, Behördenleitern und gelegentlich ebenfalls hinzugezogenen Privatpersonen bestand[11]. Einer der in der Konferenz vertretenen Präfekten wurde zum Präsidenten dieser Konferenz als Primus inter pares unmittelbar durch das Dekret vom 7. 1. 1959 bestimmt[12]. Er hatte lediglich koordinierende Aufgaben[13] wie auch die Konferenz selbst: sie dient dazu, die Maßnahmen der Regional- und Entwicklungspolitik und ganz allgemein der Wirtschaftspolitik des Staates in der jeweiligen Region zu koordinieren[14]. Im strengen Sinne regionale Organe besaßen die Regionen 1959 nicht was sogleich zu Kontroversen über die Effektivität der Organe und vor allem des koordinierenden Präfekten führte, der seine Präsidialstellung faktisch ausnutzen konnte[15].

c) Die Dekrete vom 14. 3. 1964 haben denn auch das Organisationsgefüge der Regionen entscheidend verändert. Anstelle des Koordinationspräfekten tritt ein Präfekt der Region. Er ist zugleich Präfekt des Departements, in dem sich die Hauptstadt der Region befindet (Artikel 1 des Dekrets No. 64-251). Seine Aufgabe liegt darin, die staatliche Wirtschafts- und Entwicklungspolitik in der Region in die Wirklichkeit umzusetzen. Zu diesem Zwecke besitzt er umfassende Koordinations- und Kontrollbefugnisse. Er erhält Weisungen vom Premierminister und dem jeweiligen Fachminister. Weitere Aufgaben können ihm

---

[8] *Bourjol*, Région, S. 442 No 1092.
[9] *Lanversin*, Démocratie, S. 339.
[10] *Lanversin*, Démocratie, S. 339.
[11] *Lanversin*, Aménagement, S. 72.
[12] *Lanversin*, Aménagement, S. 65.
[13] *Lanversin*, Aménagement, S. 64.
[14] *Lanversin*, Aménagement, S. 65 f.
[15] *Lanversin*, Aménagement, S. 68 ff.; *Quermonne*, S. 120 f.

durch Dekret des Staatsrates übertragen werden (Artikel 2, a.a.O.). Vorgesehen war auch die Übertragung der Verteilung der staatlichen Subventionsgelder (Artikel 13 a.a.O.). Aus diesen Regelungen folgt die hierarchische Überordnung des Regionalpräfekten über die Präfektion des Departements und sonstigen Behördenleitern. Aus dieser Regelung folgen auch die Weisungs- und Entscheidungsbefugnisse in Planungs- und Entwicklungsfragen[16]. Zur Verwirklichung seiner Aufgaben stehen dem Regionalpräfekten zwei beratende Organe zur Seite: einmal die regionale Verwaltungskonferenz, die an die Stelle der alten interdepartementalen Konferenzen tritt und deren Zusammensetzung und Aufgaben im wesentlichen übernommen hat (Artikel 21, 22 a.a.O.), zum anderen die durch Dekret No. 64—255 vom 14. 3. 1964 geschaffene Kommission für regionale Wirtschaftsentwicklung (CODER). Sie besteht aus 20—50 Mitgliedern, die sich zu ¹/₄ zusammensetzen aus 1 oder mehreren designierten Vertretern der Departementsräte, sowie 1 oder mehreren Bürgermeistern, die ebenfalls von den Departementsvertretungen bestimmt werden, zur Hälfte aus designierten Mitgliedern der Gewerbe- und Berufskammern, der Arbeitgeber und Gewerkschaften im Bereich der Region, und schließlich zu ¹/₄ aus Sachverständigen, die vom Premierminister bestimmt werden (Artikel 1 a.a.O.). Man hat in dieser Beratungskommission einen embryonalen politischen Organismus sehen wollen[17]. Treffender dürfte eine Charakterisierung sein, die in der Kommission Ansätze einer Demokratisierung der Planungsgewalt[18], genauer gesagt, eines regionalen Wirtschaftsrats als erste und vorläufige Institution einer Wirtschaftsdemokratie sieht[19]. Um mehr als Ansätze handelt es sich nicht, wenn man bedenkt, daß die Mitglieder der Kommission nicht aus Wahlen hervorgehen und zum Teil von Staats wegen bestimmt werden[20], weiterhin, daß den Gemeinden keine Mitwirkung an der Arbeit der Region zugestanden wird, obwohl sie durch Regionalmaßnahmen erheblich betroffen werden[21].

## 2. Das Reformgesetz vom 5. 7. 1972

a) Das Gesetz vom 5. 7. 1972 hat, wie man ohne Fehlbeurteilung wird sagen können, die Demokratisierung der Plangewalt und der re-

---

[16] *Monod/Castelbajac*, S. 52.
[17] Vgl. die instruktive Darstellung bei *Bourjol*, Région, S. 268 ff. No 639 ff.; ferner *Monod/Castelbajac*, S. 52.
[18] Dazu *J. Kaiser*, S. 27.
[19] Vgl. *Lanversin*, Aménagement, S. 76 (unter Hinweis auf ministerielle Äußerungen); *Bourjol*, Kommunalverwaltung, S. 269; *derselbe*, Région, S. 29 ff. No 151 f., S. 270, No 642; *Quermonne*, S. 122; *Gravier*, S. 143.
[20] Kritisch z. B. *Langrod*, Verwaltungsreformen, S. 9; *Goyard*, S. 156.
[21] Vgl. *Lanversin*, Aménagement, S. 79; *Goyard*, S. 156.

## VIII. Die Regionalreform

gionalen wirtschaftlichen und sozialen Entwicklung in Frankreich erheblich verstärkt. Die regionale Organisation kennt nunmehr drei Organe: den Regionalrat, einen Wirtschafts- und Sozialausschuß und den Regionalpräfekten, die zur Verwaltung der Region (so die Formulierung des Gesetzes) zusammenwirken (Artikel 3 a.a.O.). Die Verwaltungsaufgaben der Region, der nach wie vor die Eigenschaften einer Gebietskörperschaft fehlt — sie ist ein établissement public (Artikel 1 a.a.O.) — beschränken sich auf die wirtschaftliche und soziale Entwicklung der Region. Die Zuständigkeiten der Departements und Gemeinden sollen dabei gewahrt bleiben (Artikel 4 Abs. 1 a.a.O.) Im einzelnen hat die Region folgende Aufgaben: 1) alle Studien auszuarbeiten, die die Regionalentwicklung betreffen; 2) Vorschläge zu machen, die darauf abzielen, die Wahl der Investitionen der Gebietskörperschaften zu koordinieren und zu rationalisieren; 3) sich freiwillig zu beteiligen an der Finanzierung unmittelbarer gemeinsamer regionaler Einrichtungen; 4) im Einverständnis mit den lokalen Gebietskörperschaften, Verbänden, öffentlichen Anstalten und dem Staat unmittelbar regionale gemeinsame Einrichtungen zu realisieren (Artikel 4 Abs. 1 a.a.O.). Zur Verwirklichung dieser Aufgaben ist eine interregionale vertragliche Zusammenarbeit möglich (Artikel 4 Abs. 2 a.a.O.). Außerdem können der Region durch Dekret des Staatsrates Aufgaben, welche die regionale Entwicklung betreffen, übertragen werden. Schließlich können auch die lokalen Gebietskörperschaften der Region mit deren Einverständnis Aufgaben übertragen, die mit dem allgemeinen Zuständigkeitsbereich der Region zusammenhängen (Artikel 4 Abs. 3 a.a.O.).

b) Das eigentliche Entscheidungsorgan der Region ist der Regionalrat. Seine Beschlüsse, die vom Regionalpräfekten ausgeführt werden (Artikel 3, 16 a.a.O.), sind sogleich unmittelbar rechtsverbindlich, es sei denn, der Regionalpräfekt erhebt binnen 15 Tagen Einspruch. In diesem Falle wird eine neue Beschlußfassung durch den Regionalrat notwendig. Ein weiterer Einspruch ist nicht vorgesehen (Artikel 7 Abs. 1 a.a.O.). Kompetenzüberschreitende Beschlüsse und solche die gegen Gesetze und Verordnungen verstoßen, sind nichtig. Die Nichtigkeit wird durch Dekret des Staatsrates ausgesprochen (Artikel 7 Abs. 2 a.a.O.). Im übrigen gibt der Regionalrat Stellungnahmen zu Fragen der Wirtschafts- und Sozialentwicklung sowie der regionalen Raumordnung und der Verteilung der Staatskredite ab. Die Einholung der Stellungnahmen ist weitgehend obligatorisch (Artikel 8 und 9 a.a.O.). Er votiert das Regionalbudget, dessen Einnahmen aus Zuschlägen zu enumerativ genannten Steuern (z B. Einkommens- und Grundsteuern) aus, Staatszuweisungen und Beiträgen der Gebietskörperschaften bestehen. Die Einführung der erwähnten Steuerzuschläge steht zum Teil im Ermessen des Regionalrates (Artikel 17—19 a.a.O.).

Betrachtet man die Kreation und Zusammensetzung des Regionalrates, so wird man ihn als ein Repräsentationsorgan, das nach politischen Gesichtspunkten gebildet ist, einordnen. Er setzt sich zusammen

(1) aus den Abgeordneten und Senatoren, die in der Region gewählt worden sind;

(2) aus Repräsentanten der lokalen Körperschaften, die vom Departementrat gewählt werden; jeder Rat wählt wenigstens 3 Repräsentanten; ihre Gesamtzahl muß mindestens 30 % der Mitglieder des Regionalrates erreichen;

(3) aus Repräsentanten der Ballungsgebiete, welche die Gemeinderäte und die Räte der Stadtgemeinschaften aus ihrer Mitte bestimmen; die Zahl dieser Repräsentanten ist nach der Einwohnerzahl der Gemeinden bzw. Stadtgemeinden zu staffeln;

(4) aus Repräsentanten der Departement-Gemeinde- und Stadtgemeinschaftsräte, die zahlenmäßig den Abgeordneten der Region entsprechen müssen.

Von der Bevölkerungszahl des jeweiligen Departements hängt es ab, wie viele der Repräsentanten auf das einzelne Departement entfallen (Artikel 5 Abs. 1 Abs. 2 a.a.O.). Die Dauer des Mandates der Regionalratsmitglieder entspricht der Dauer des Mandates, aufgrund dessen sie gewählt worden sind bzw. der Mandatsdauer ihres Wahlkörpers (Artikel 5 Abs. 3 a.a.O.). Der Regionalrat wählt seinen Präsidenten und dessen Büro. Er wird einberufen durch den Regionalpräfekten auf Verlangen oder Empfehlung des Büros oder auf Verlangen der absoluten Mehrheit seiner Mitglieder (Artikel 11 Abs. 1 a.a.O.). Auf das Büro oder einen gewählten Ausschuß können begrenzte Entscheidungsbefugnisse übertragen werden (Artikel 12 aa.O.). Der Regionalrat gibt sich eine Geschäftsordnung. Seine Sitzungen sind öffentlich, sie dürfen, abgesehen von außergewöhnlichen Umständen, nicht zur gleichen Zeit wie die Sitzungen des Parlaments stattfinden (Artikel 11 Abs. 2 a.a.O.). Der Grund für das Verbot paralleler Sitzungen kann nur die Mitgliedschaft der Abgeordneten im Regionalrat sein.

c) Neben dem Regionalrat besteht, wie schon erwähnt, ein lediglich beratender Wirtschafts- und Sozialausschuß. Er ist nicht politisch, sondern funktional zusammengesetzt. Vertreten sind Organisationen und Aktivitäten, die einen wirtschaftlichen, sozialen, beruflichen, familiären, erzieherischen, wissenschaftlich-kulturellen oder sportlichen Charakter innerhalb der Region haben (Artikel 13 a.a.O.). Die beratende Stellungnahme des Ausschusses muß der Beratung und Beschlußfassung des Regionalrates vorausgehen (Artikel 14 Abs. 2 a.a.O.). Gemeinsame Sitzungen des Regionalrates und des Ausschusses sind möglich. Die Abstimmungen erfolgen aber getrennt (Artikel 15 a.a.O.).

VIII. Die Regionalreform 61

d) Der Regionalpräfekt schließlich bereitet die dem Regionalrat und dem Wirtschafts- und Sozialausschuß vorgelegten Sachen sowie das Budget vor. Im übrigen ist er das ausführende Organ der Region (Artikel 16 a.a.O.).

### 3. Kritische Würdigung der Regionalreformen

Die Bilanz der Regionalreform in Frankreich wird zu folgenden Ergebnissen gelangen:

a) Die Aufgaben der Region sind von der Planung her bestimmt und von dieser (vorläufig) nicht zu trennen[22]. Die Planungsgegenstände lassen sich nicht abschließend bestimmen. Dementsprechend wäre auch ein „Regionalinteresse" der Bevölkerung nicht politisch, sondern ökonomisch bestimmt[23]. Ein umfassendes Planungskonzept wie das französische, das auf eine Neuorientierung aller Lebensbereiche der Gesellschaft ausgerichtet ist, tendiert dazu, immer neue Gegenstände in die Planung einzubeziehen und damit den Regionen zu übertragen — letztlich zu Lasten der Departements und Kommunen. In diesem — nicht unbedenklichen Sinne — mag man die französischen Regionen, die vorläufig noch Planungseinheiten sind, als Vorstufe einer künftigen neuen Verwaltungseinheit ansehen. Wenn diese entstände, würde vermutlich die französische Verwaltung noch undurchsichtiger als sie es zur Zeit ist und die Existenzberechtigung der Departements endgültig ernsthaft in Frage gestellt[24].

b) Die Region ist nicht mehr bloße Zwischenstufe für die Ausführung der Entscheidungen der Zentralgewalt[25]. Sie hat, vor allem im Hinblick auf die Finanzierung, selbstverantwortliche Entscheidungen zu treffen, die am stärksten in der Budgethoheit zum Ausdruck kommen.

c) Unklar ist (vermutlich auch zum Teil bewußt unklar gelassen), welchen Zielen die mit der Regionalisierung erstrebte Mobilisierung „regionaler Interessen" dienen soll: Aspekte einer *Regionalisierung des Demokratieprinzipes als politischem Formprinzip* stehen mehr oder weniger unvermittelt neben dem Ziel einer verstärkten *Partizipation*, die mit einer Demokratie gar nichts zu tun hat, sondern Ausdruck einer neo-korporativen Staatskonzeption ist[26]. Diese Vermischung deu-

---

[22] Treffend *Bourjol*, Région, S. 113 No 220.
[23] Treffend *Bourjol*, Région, S. 120 f. No 241 ff.
[24] Vgl. dazu *von der Heide*, S. 776.
[25] So noch *Bourjol*, Kommunalverwaltung, S. 269 f. (für die Reformen von 1964); *derselbe*, Région, S. 438 No 1083, wo von einem autoritären Regionalismus, der nur eine Variante des Zentralismus darstelle, die Rede ist. — Die jüngsten Reformen verdienen ein so scharfes Verdikt wohl nicht mehr.
[26] Vgl. die aufschlußreichen Bemerkungen bei *Bourjol*, Région, S. 29 ff., No 15 ff.

tet sich auch im Repräsentationsmodus der Planungsbetroffenen in den Regionalgremien an.

Die Repräsentation der Planungsbetroffenen läßt Wünsche offen. Von der Planungsaufgabe hergesehen, die wirtschaftliche und soziale Entwicklung der Region zu fördern, ist die bloß beratende Mitwirkung des Wirtschafts- und Sozialausschußes zu schwach. Im eigentlichen Entscheidungsgremium — dem Regionalrat —, der parlamentsähnliche Züge trägt, sind wirtschaftliche und soziale Gruppierungen als *solche* nicht vertreten. Bei einer wirtschafts- und sozialpolitischen konzipierten Planungseinheit sollte aber den entsprechenden Gruppierungen eine echte, nicht bloß beratende Mitwirkung gewährt werden[27]. Das bedeutet nicht notwendig eine „Parlamentarisierung" der Plangewalt, sondern läuft auf eine verstärkte Demokratisierung hinaus. Zu den von der Planung betroffenen Kräften der Region gehören nicht nur die jetzt wohl ausreichend repräsentierten Verwaltungseinheiten sowie die Bevölkerung in ihrer *politischen* Gliederung. Dazu gehört auch die Bevölkerung in ihrer wirtschaftlichen und sozialen Schichtung, wie sie in Kammern, Organisationen der Arbeit und dergleichen zum Ausdruck kommt.

---

[27] Zu schwach daher m. E. *Gravier*, S. 143.

## IX. Gesamtbilanz der französischen Neuordnungsmaßnahmen

Versucht man eine Gesamtbilanz der in Frankreich unternommenen Neuorientierung der Wirtschaft, Gesellschaft und Verwaltung, so fällt auf, daß die Reformen zu einem großen Teil durch Finanzmaßnahmen des Staates und der von ihm speziell dafür eingerichteten „Fonds" in Gang gesetzt und durchgeführt werden. Gegen solche, eine reformbegünstigende Maßnahmen ist prinzipiell nicht einzuwenden. Man muß sich dabei freilich des Problems bewußt sein, auf das schon *Lassar* in anderem Zusammenhang aufmerksam gemacht hat: der Einfluß, der staatliche Instanzen durch Zuschüsse oder eine Fondswirtschaft auf die begünstigten Rechtssubjekte gewinnt, ist beträchtlich. Er schafft Kontrollmöglichkeiten und vermag die rechtlich festgelegten Zuständigkeitsabgrenzungen zwischen der Zentralgewalt und den dezentralisierten Verwaltungsträgern teilweise außer Kraft zu setzen[1]. Die in Frankreich immer wieder aufgestellte Behauptung, alle Reformen zielten auf eine Dezentralisierung ab, kann unter diesem Gesichtspunkt nur mit Einschränkungen akzeptiert werden. Mit gewisser Zuspitzung kann man sagen, daß anstelle einer Führung durch die klassischen administrativen Mittel eine Führung durch Finanzierung seitens der Zentralgewalt getreten ist[2].

Über diesen Bemerkungen sollte freilich nicht übersehen werden, daß die reformerischen Leistungen, die Frankreich seit den 50er Jahren hervorgebracht hat, in bezug auf ihr Ausmaß und den Reichtum an Instrumentarien Anerkennung verdienen. Diese Anerkennung wird sich vor allem darin äußern müssen, daß deutsche Planungskonzepte und Verwaltungsreformbestrebungen daraufhin überprüft werden, inwieweit sie aus den französischen Erfahrungen in positiver und negativer Hinsicht Erkenntnisse für die eigenen Probleme schöpfen können.

---

[1] *Lassar*, S. 20 f.; vgl. auch *Ipsen*, DV, S. 109 f.
[2] Vgl. auch *Goyard*, S. 156; vgl. auch *Servan-Schreiber*, passim.

# Literaturverzeichnis

*Aderhold*, Dieter: Kybernetische Regierungstechnik in der Demokratie (Deutsches Handbuch der Politik Bd. 7) München—Wien 1973.

*Albers*, Gerd: Vom Fluchtlinienplan zum Stadtentwicklungsplan in: Archiv für Kommunalwissenschaften (AfK) (6) 1967, S. 192 ff.
zit.: AfK S.

— Über das Wesen der räumlichen Planung in: Stadtbauwelt 1969, S. 10 ff.
zit.: Stadtbauwelt S.

— Stadtentwicklungsplanung in: Handwörterbuch der Raumforschung und Raumordnung, 2. Aufl., Bd. II, Hannover 1970, Sp. 3202 f.
zit.: Stadtentwicklungsplanung

*Albers*, Gerd und Dieter *Partzsch:* Neue Stadt in: Handwörterbuch der Raumforschung und Raumordnung, 2. Aufl., Bd. II, Hannover 1970, Sp. 2071 ff.

*Auby*, Jean Marie und Robert *Ducos-Ader:* Institutions Administratives, Paris 1966 (Dalloz).
zit.: Institutions

— Droit Administratif 2e édition, Paris 1970 (Dalloz).
zit.: Droit Administratif

*Badura*, Peter: Wirtschaftsverwaltungsrecht in: I. v. Münch (Hrsg.), Besonderes Verwaltungsrecht, 3. Aufl., Frankfurt 1972, S. 239 ff.

*Becker*, Ulrich: Regierungsprogramm und Ressourcenrahmen in: Regierungsprogramme und Regierungspläne (Schriftenreihe der Hochschule Speyer Bd. 51) Berlin 1973, S. 135 ff.

*Becker-Marx*, Kurt: Die Region — ein Institut zur Ordnung und Entwicklung der modernen Wirtschaftsräume in: Die öffentliche Verwaltung (DÖV) 1963, S. 328 ff.

*Bernard*, Paul: A Propos des Incitations Financières aux Groupements de Communes in: Revue du Droit Public et de la Science Politique (RDP) Bd. 83 (1967), S. 245 ff.

*Berthélemy*, H.: Traité Elémentaire de Droit Administratif, 11e édition, Paris 1926.

*Bielenberg*, Walter: Rechts- und Verwaltungsfragen der kommunalen Entwicklungsplanung — eine Einführung in: Raumplanung — Entwicklungsplanung (Veröffentlichungen der Akademie für Raumforschung und Landesplanung Bd. 80) Hannover 1972, S. 55 ff.
zit.: Entwicklungsplanung

— Empfehlen sich weitere bodenrechtliche Vorschriften im städtebaulichen Bereich? Gutachten für den 49. Deutschen Juristentag in: Verhandlungen des 49. Deutschen Juristentages, Bd. I Teil B, München 1972, B 9 ff.
zit.: Gutachten

*Bluntschli*, Johann Caspar: Frankreich: in: derselbe / K. Brater (Hrsg.), Deutsches Staatswörterbuch, 3. Bd., Stuttgart und Leipzig 1858.

*Böckenförde*, Ernst Wolfgang: Planung zwischen Regierung und Parlament in: Der Staat 1972, S. 429 ff.

*Bourjol*, Maurice: Die Entwicklung der Kommunalverwaltung in Frankreich seit 1945 in: AfK (7) 1968, S. 256 ff.
zit.: Kommunalverwaltung

— Région et Administration Régionale — Douze ans de Reforme Administrative, Paris 1971 (Berger-Levrault).

*Boustedt*, Olaf: Die Stadtregion — ihre Bedeutung für Wissenschaft und Praxis in: DÖV 1963, S. 797 ff.

*Brenken*, Günter: Raumordnung und andere überfachliche Planung in: Raumforschung und Raumordnung 1971, S. 249 ff.

*Briefs*, Goetz: Staat und Wirtschaft im Zeitalter der Interessenverbände in: derselbe (Hrsg.), ‚Laissez-Faire' Pluralismus — Demokratie und Wirtschaft des gegenwärtigen Zeitalters, Berlin 1966, S. 1 ff.

*Brongniart*, Philippe: La Région en France, Paris 1971 (Armand Colin).

*Brücher*, Wolfgang: Ziele und Ergebnisse der industriellen Dezentralisation in Frankreich in: Raumforschung und Raumordnung 1971, S. 265 ff.

*Debbasch*, Charles: Science Administrative, Administration Publique, Paris 1971 (Dalloz).

*Debbasch*, Charles und Marcel *Pinet*: Les Grands textes administratifs, Paris 1970 (Sirey).

*Debré*, Michel: Au Service de la Nation, Paris 1963 (Stock).

*Detton*, Hervé: L'Administration Régionale et Locale de la France, Que sais-je? No 598, Paris 1968.

*Egner*, Erich: Raumwirtschaftspolitik in: Handwörterbuch der Sozialwissenschaften Bd. 8, Tübingen 1964, S. 694 ff.

*Ernst*, Werner: Raumordnung als Aufgabe der planenden Gesetzgebung und Verwaltung in: J. Kaiser (Hrsg.), Planung Bd. III, Baden-Baden 1968, S. 129 ff.

*Fangmann*, Helmut D.: Staatliche Wirtschaftsplanung und Staatsrechtsideologie in: Kritische Justiz 1972, S. 1 ff.

*Feussner*, Helmut und Martin *Wagner*: Anpassungsplanung und Entwicklungsplanung in: Raum und Siedlung 1969, S. 220 ff.

*Fikentscher*, Wolfgang: Rechtstechnische Aspekte der französischen Planifikation in wettbewerblicher Sicht in: Rechtsfragen der Planifikation (Beiheft 31 der Zeitschrift für das gesamte Handels- und Wirtschaftsrecht) Stuttgart 1967, S. 55 ff.

*Friauf*, Karl Heinrich: Öffentlicher Haushalt und Wirtschaft, Bericht für die Vereinigung der Staatsrechtslehrer in: Veröffentlichungen der Vereinigung der Staatsrechtslehrer, Heft 27, Berlin 1969, S. 1 ff.
zit.: VVdSTRL S.

— Baurecht und Raumordnung in: I. v. Münch (Hrsg.), Besonderes Verwaltungsrecht, 3. Auflage, Frankfurt 1972, S. 389 ff.
zit.: Raumordnung

*Geiger,* Rainer: Rechtsformen der Wirtschaftslenkung als Mittel der französischen Planification (Schriften zum öffentlichen Recht Bd. 186) Berlin 1972.

*Geisenberger,* Siegfried: Raumordnungspolitik in der Marktwirtschaft in: Civitas, Jahrbuch für Sozialwissenschaften 11 (1972), S. 139 ff.

*Geissler,* Clemens: Landesentwicklungsplanung als Aufgabe in Forschung und Lehre in: Raumforschung und Raumordnung 1969, S. 102 ff.

*Glum,* Friedrich: Konservativismus im 19. Jahrhundert, Eine Auswahl europäischer Porträts, Bonn 1969.

*Goureau,* Claude: Les Organismes de la Politique de Développement Régional in: Droit Social 1958, S. 257 ff.

*Goyard,* Claude: L'Administration et son Milieu — Le Milieu Social in: Traité de Science Administrative, Paris 1966, S. 145 ff. (Mouton).

*Gravier,* Jean-François: L'Aménagement du Territoire et l'Avenir des Régions Françaises, Paris 1964.

*von der Groeben,* Hans: Die Gesellschaft im Spannungsfeld zwischen wirtschaftspolitischer Integration und regionaler Subsidiarität in: Länderreform und Landschaften — ein Cappenberger Gespräch, Köln—Berlin 1970, S. 65 ff.

*von der Groeben,* Klaus: Beispiele staatlicher Planung im Flächenstaat in: J. Kaiser (Hrsg.), Planung Bd. III, Baden-Baden 1968, S. 173 ff.

*Hamaoui,* Ernest: L'Organisation Administrative de la France — Tableaux de Droit Administratif, Paris 1971.

*Hartmann,* Jürgen: Kommunale Neubildungen in Frankreich — Zugleich ein Beitrag zum Stadt-Umland-Problem in: Verwaltungsarchiv Bd. 59 (1968), S. 345 ff.

*Hauriou,* Maurice: Précis de Droit Administratif et de Droit Public, 12e édition, Paris 1933.

*Heffter,* Heinrich: Verwaltungsgliederung und Raumordnung — A. Geschichtliche Entwicklung in: Handwörterbuch der Raumforschung und Raumordnung, 2. Aufl., Bd. III, Hannover 1970, Sp. 3600 ff.

*von der Heide,* Hans-Jürgen: Die „Verwaltungsregion" — Realität oder Utopie in: DÖV 1966, S. 774 ff.

*Herzog,* Roman: Möglichkeiten und Grenzen einer Beteiligung des Parlamentes an der Ziel- und Ressourcenplanung der Bundesregierung, Gutachten für die Projektgruppe Regierungs- und Verwaltungsreform 1971 (maschinenschriftlich vervielfältigt).

*v. Hippel,* Ernst: Der französische Staat der Gegenwart, Breslau 1928.

*Houin,* Roger: La Planification Française in: J. Kaiser (Hrsg.), Planung Bd. II, Baden-Baden 1966, S. 149 ff.

*Hüfner,* Willi: Einige Aspekte zur Methodik staatlicher Planung in: J. Kaiser (Hrsg.), Planung Bd. III, Baden-Baden 1968, S. 205 ff.

*Isbary,* Gerhard: Raumordnung und territoriale Verwaltungsgliederung in: Raumordnung und kommunale Selbstverwaltung — eine kommunalpolitische Tagung (veranstaltet vom niedersächsischen Minister des Inneren am 3. und 4. 5. 1962) Hannover 1963, S. 59 ff.

*Ipsen,* Hans Peter: Rechtsfragen der Wirtschaftsplanung in: J. Kaiser (Hrsg.), Planung Bd. II, Baden-Baden 1966, S. 63 ff.
zit.: Rechtsfragen

— Buchbesprechung A. Köttgen, Fondsverwaltung in der BRD (1965) in: Die Verwaltung 1970, S. 109 ff.
zit.: DV S.

*Jacob,* Otto: Ein neuer Abschnitt der Raumordnung in: Deutsches Verwaltungsblatt (DVBL) 1969, S. 677 ff.

*Jochimsen,* Reimut und Knut *Gustafson:* Infrastruktur in: Handwörterbuch der Raumforschung und Raumordnung, 2. Aufl., Bd. II, Hannover 1970, Sp. 1318 ff.

*de Jouvenel,* Bertrand: Reine Politik, Neuwied 1967.

*Kaiser,* Joseph: Exposé einer pragmatischen Theorie der Planung in: derselbe (Hrsg.), Planung Bd. I, Baden-Baden 1965, S. 11 ff.

*Klatt,* Sigurd: Wirtschaftspolitik in: Handwörterbuch der Raumforschung und Raumordnung, 2. Aufl., Bd. III, Hannover 1970, Sp. 3759 ff.

*Lajugie,* Joseph: Les Conditions d'une Politique de Développement Régional pour les Pays du Marché Commun in: *Revue d'Economie Politique* 1959, S. 263 ff.

*Lange,* Klaus: Regionen in: Handwörterbuch der Raumforschung und Raumordnung, 2. Aufl., Bd. III, Hannover 1970, Sp. 2705 ff.

*Langrod,* Georges: Einige Hauptprobleme der französischen Verwaltung der Gegenwart in: Verwaltungsarchiv Bd. 48 (1957), S. 191 ff.
zit.: Hauptprobleme

— Verwaltungsreformen in Frankreich in: Verwaltungsarchiv Bd. 59 (1968), S. 1 ff.
zit.: Verwaltungsreformen

*Lanversin,* Jaques: A Propos de Démocratie Economique — L'Aménagement du Territoire in: Droit Social 1962, S. 321 ff.
zit.: Démocratie

— L'Aménagement du Territoire, Paris 1965.
zit.: Aménagement

*Lassar,* Gerhard: Reichseigene Verwaltung unter der Weimarer Verfassung — Zwei Studien in: Jahrbuch für öffentliches Recht Bd. XIV (1926), S. 1 ff.

*Laubadère,* André: Traité Elémentaire de Droit Administratif, 5e édition, Tome 1, Paris 1970, Tome 2, Paris 1970, Tome 3 / 2e volume, Paris 1971.
zit.: Tome 1 No

*Laux,* Eberhard: Entwicklungsplanung in der Kommunalverwaltung in: Raumplanung-Entwicklungsplanung (Veröffentlichungen der Akademie für Raumforschung und Landesplanung Bd. 80) Hannover 1972, S. 83 ff.

*Lebon, André:* Das Staatsrecht der französischen Republik in: H. Marquardsen (Hrsg.), Handbuch des öffentlichen Rechts, 4. Bd., 1. Halbb., 6. Abt., Freiburg 1886.

*Légendre,* Pierre: L'Aministration du XVIIIe Siècle à nos Jours, Paris 1969 (P. U. F.).

*Leisner*, Walter: Volk und Nation als französische Rechtsbegriffe der französischen Revolution — Zur „tradition révolutionnaire" in: Festschrift für H. Liermann zum 70. Geburtstag, Erlangen 1964, S. 96 ff.

*Lerouge*, Jaques: Frankreich B. Raumordnung und Landesplanung in: Handwörterbuch der Raumforschung und Raumordnung, 2. Aufl., Bd. I, Hannover 1970, Sp. 787 ff. (übersetzt von der Redaktion; vgl. Geleitwort zu Bd. I).

*Lompe*, Klaus: Gesellschaftspolitik und Planung — Probleme politischer Planung in der sozialstaatlichen Demokratie, Freiburg 1971.

*Mäding*, Erhard: Verfahren der Stadtentwicklungsplanung in: Coing/Kaiser (Hrsg.), Planung Bd. V, Baden-Baden 1971, S. 319 ff.

*Martin*, Charles: Verwaltung und Verwaltungsrecht Frankreichs unter besonderer Berücksichtigung der französischen Kommunalverfassung in: Verwaltungsarchiv Bd. 56 (1965), S. 1 ff.

*Marx*, Detlef: Voraussetzungen und Bedingungen einer wachstumsgerechten Landesentwicklung, Düsseldorf 1968.

*Massé*, Pierre: Le Plan ou L'Anti-hasard, Paris 1965 (Idées NRF).

*Médard*, Jean-François: Les Communautés Urbaines — Renforcement ou Déclin de l'Autonomie Locale in: RDP Bd. 84 (1968), S. 737 ff.

*Meyer*, Konrad: Ländlicher Raum in: Handwörterbuch der Raumforschung und Raumordnung, 2. Aufl., Bd. II, Hannover 1970, Sp. 1802 ff.

*von Mohl*, Robert: Die Geschichte und Literatur der Staatswissenschaften, Bd. III, Graz (1960) (Nachdruck).

*Monod*, Jérôme und Philippe *Castelbajac*: L'Aménagement du Territoire, Que sais-je? No 987, Paris 1971.

*Müller*, Gottfried: Zielvorstellungen und Instrumentarium für die künftige Siedlungsstruktur in: Aufgaben und Möglichkeiten der Raumplanung in unserer Zeit (Veröffentlichungen der Akademie für Raumforschung und Landesplanung Bd. 78) Hannover 1971, S. 25 ff.

*Müller-Guntrum*, Eckart: Kommunalreform ohne Ende? Frankreichs jüngster Versuch der territorialen Neugliederung seiner Gemeinden — Das Gesetz vom 16. 7. 1971 in: Die Verwaltung 1973, S. 195 ff.

*Niemeier*, Hans-Gerhart: Zur historischen und gedanklichen Entwicklung der Landesplanung in: Die Verwaltung 1968, S. 128 ff.
zit.: Landesplanung

— Landesentwicklung an der Wende (Kleine Schriften des deutschen Verbandes für Wohnungswesen, Städtebau und Raumplanung e. V.) 1970.
zit.: Landesentwicklung

— Entwicklungstendenzen im Landesplanungsrecht in: Raumplanung — Entwicklungsplanung (Veröffentlichungen der Akademie für Raumforschung und Landesplanung Bd. 80) Hannover 1972, S. 1 ff.
zit.: Entwicklungstendenzen

*Oellerich*, Gerhard: Noch immer zieht der „Magnet" Paris in: Der Städtetag 1965, S. 238.

*Prélot*, Marcel: Institutions Politiques et Droit Constitutionnel 4e édition, Paris 1969 (Dalloz).

*Pouyet*, Bernard und Patrice *Monbrison-Fouchère:* La Régionalisation dans le IVe Plan: L'Expérience de tranches opératoires in: Administration Traditionnelle et Planification Régionale (Cahiers de la Fondation Nationale des Sciences Politiques) Paris 1964, S. 145 ff.

*Quermonne*, Jean-Louis: Planification Régionale et Réforme Administrative in: Administration Traditionelle et Planification Régionale (Cahiers de la Fondation Nationale des Sciences Politiques) Paris 1964, S. 187 ff.

*Roig*, Charles: L'administration Locale et les Changements sociaux in: Administration Traditionnelle et Planification Régionale (Cahiers de la Fondation Nationale des Sciences Politiques) Paris 1964, S. 11 ff.

*Ronge*, Volker und Günter *Schmieg:* Einleitung in: dieselben (Hrsg.), Politische Planung in Theorie und Praxis, München 1971, S. 7 ff.

*Saint-Geours*, Jean: Réflexions sur la Politique de Développement Regional in: Droit Social 1957, S. 133 ff.

*Sautel*, Gérard: Histoire des Institutions Publiques depuis la Révolution Française, 2e édition, Paris 1970 (Dalloz).

*Schefer*, Anton G.: Ein neuer Abschnitt der Raumordnung in: DVBL 1970, S. 98 ff.

*Scheuner*, Ulrich: Verfassungsrechtliche Probleme einer zentralen staatlichen Planung in: J. Kaiser (Hrsg.), Planung Bd. I, Baden-Baden 1965, S. 67 ff.
zit.: Planung

— Stellung und Aufgaben kommunaler Regionalverbände in: Die Verwaltungsregion — Aufgaben und Verfassung einer neuen Verwaltungseinheit (Schriftenreihe des Vereins für Kommunalwissenschaften eV Berlin Bd. 16) Berlin—Köln—Mainz 1967, S. 11 ff.
zit.: Regionalverbände

*Schmidt-Assmann*, Eberhard: Gesetzliche Maßnahmen zur Regelung einer praktikablen Stadtentwicklungsplanung, Gesetzgebungskompetenzen und Regelungsintensität in: Raumplanung — Entwicklungsplanung (Veröffentlichungen der Akademie für Raumforschung und Landesplanung Bd. 80) Hannover 1972, S. 101 ff.

*Servan-Schreiber*, Jean-Jaques: Die föderale Macht oder wie unterentwickelt ist Frankreich, Hamburg 1971.

*Siedentopf*, Heinrich: Interkommunale Zusammenarbeit in Frankreich in: Der Städtetag 1967, S. 308 ff.

*Shonfield*, Andrew: Geplanter Kapitalismus — Wirtschaftspolitik in Westeuropa und USA, Köln—Berlin 1968.

*Storbeck*, Dietrich: Regionale Wirtschaftspolitik — Allgemeines in: Handwörterbuch der Raumordnung und Raumforschung, 2. Aufl., Bd. III, Hannover 1970, Sp. 2621 ff.

*Toqueville*, Alexis: Das Zeitalter der Gleichheit (Klassiker der Politik Bd. 4, hrsg. v. S. Landshut) Köln—Opladen 1967.

*Trintignac*, André: Aménager L'Hexagone Villages-Villes-Régions, Paris 1964.

*Venezia*, Jean-Claude: Les Regroupements de Communes Bilan et Perspectives in: RDF Bd. 87 (1971), S. 1061 ff.

*Wagener,* Frido: Von der Raumplanung zur Entwicklungsplanung in: DVBL 1970, S. 93 ff.
zit: Entwicklungsplanung

— Für ein neues Instrumentarium der öffentlichen Planung in: Raumplanung — Entwicklungsplanung (Veröffentlichungen der Akademie für Raumforschung und Landesplanung Bd. 80) Hannover 1972, S. 23 ff.
zit: Instrumentarium

— Öffentliche Planung und zukünftige politische Entscheidung in: Demokratie und Verwaltung, 25 Jahre Hochschule für Verwaltungswissenschaften Speyer, Berlin 1972, S. 571 ff.
zit: politische Entscheidung

*Waline,* Marcel: Précis de Droit Administratif, Paris 1969.

*Weber,* Werner: Entspricht die gegenwärtige kommunale Struktur den Anforderungen der Raumordnung? Empfehlen sich gesetzgeberische Maßnahmen der Länder und des Bundes? Welchen Inhalt sollen sie haben? Gutachten für den 45. Deutschen Juristentag in: Verhandlungen des 45. Deutschen Juristentages, Bd. I, Teil 5, München 1964, 1 ff.
zit: Gutachten

— Verwaltungsgliederung und Raumordnung B. Verwaltungs- und Gebietsreform in: Handwörterbuch der Raumforschung und Raumordnung, 2. Aufl. Bd. III, Hannover 1970, Sp. 3634 ff.
zit: Gebietsreform

— Planende Verwaltung als Aufgabe der Gegenwart in: Aufgaben und Möglichkeiten der Raumgestaltung in unserer Zeit (Veröffentlichungen der Akademie für Raumforschung und Landesplanung Bd. 78) Hannover 1971, S. 9 ff.
zit: Planende Verwaltung

*Weyl,* Heinz: Strukturveränderung und Entwicklungsplanung in: Informationen des Institutes für Raumordnung Bad Godesberg 1969, S. 469 ff.

*Wolff,* Hans Julius: Verwaltungsrecht, Bd. I, 8. Aufl., München 1971.

*Zinkahn,* Willi und Walter *Bielenberg:* Raumordnungsgesetz des Bundes-Kommentar unter Berücksichtigung des Landesplanungsrechtes, Berlin 1965.

*Amtliche Publikationen*

Presse- und Informationsamt der Bundesregierung: Die Europäische Gemeinschaft 1972.
zit: Europäische Gemeinschaft

Europäische Dokumentation: Die Lage der Regionen und der Regionalpolitik in der Gemeinschaft 1972.
zit: Lage der Regionen

Europäische Gemeinschaften: Gesamtberichte 1—5 1967 ff,
zit: Gesamtbericht z. B. 1968

La Documentation Française: L'Aménagement du Territoire (Recueils et Monographies No 46) 1964.
zit: Documentation

Ambassade de France — Service de Presse et d'Information: Bilanz der Raumordnung, Mitteilungen No 74/1968 (September 1968).
zit: Bilanz

Französische Botschaft Informationsblätter: Raumordnung durch Dezentralisierung in: Informationsblätter Jg. 19 No 78 (30. 9. 70), S. 3 ff.
zit: Dezentralisierung

Ministre délégué auprès du Prémier Ministre / Délégation à l'Aménagement du Territoire et à l'Action Régionale: La politique d'aménagement du territoire (Bericht für den Entwurf des Loi des Finances pour 1972).
zit: Delegationsbericht

Ministère de l'Intérieur Bulletin d'informations: No 3 1971 La loi sur les fusions et regroupements de communes. — No 4 1972 La réforme communale.
zit: Bulletin No 3, 4

Printed by Libri Plureos GmbH
in Hamburg, Germany